心念護持觀照自我

領悟《般若波羅蜜多心經》意涵

林 恒 雄 著

文史哲出版社印行

國家圖書館出版品預行編目資料

心念護持觀照自我：領悟《般若波羅蜜多心經》意涵 / 林恒雄著. -- 初版 -- 臺北市：文史哲出版社, 民 110.12

面； 公分

ISBN 978-986-314-584-4（平裝）

1.CST：般若部

221.45　　110022670

心念護持觀照自我

領悟《般若波羅蜜多心經》意涵

著者：林恒雄
出版者：文史哲出版社
http:// www.lapen.com.tw
e-mail：lapen@ms74.hinet.net
登記證字號：行政院新聞局版臺業字五三三七號
發行人：彭正雄
發行所：文史哲出版社
印刷者：文史哲出版社
臺北市羅斯福路一段七十二巷四號
郵政劃撥帳號：一六一八〇一七五
電話886-2-23511028．傳真886-2-23965656

定價新臺幣三〇〇元

二〇二一年（民一一〇）十二月初版

ISBN 978-986-314-584-4　　20016

南無阿彌陀佛像

觀音菩薩妙難酬
清淨莊嚴累劫修
三十二應遍塵剎
百千萬劫化閻浮
瓶中甘露常遍灑
手內楊枝不計秋
千處祈求千處應
苦海常作渡人舟

觀世音菩薩像

3 圖像

作者家中供奉觀世音菩薩

唐太宗在長安城迎接玄奘大師
自印度返國圖　　　羅伯英繪

5 圖像

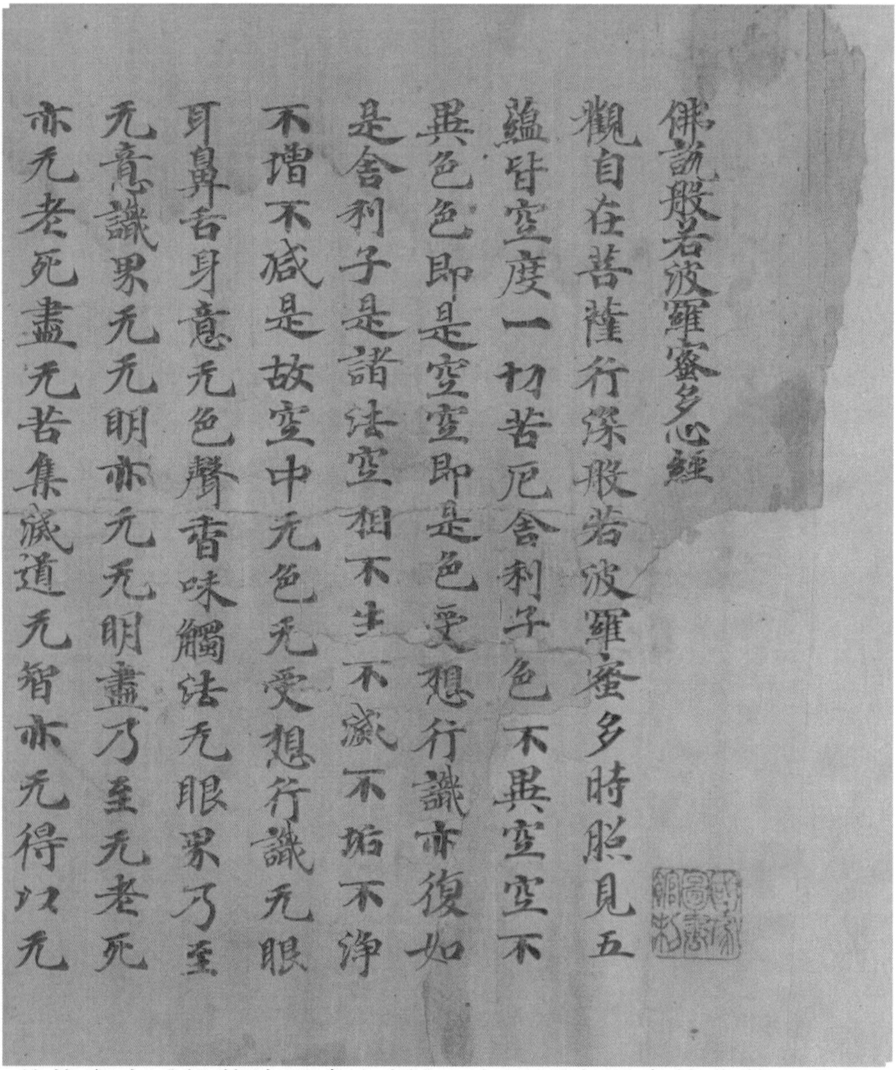

敦煌寫本《般若波羅多心經》，中國國家圖書館收藏。黃麻紙，卷軸裝，長 36.5cm，寬 25.2cm。七、八世紀間寫本。全經 260 字，講說世界一切事物本性皆空，如領會其中奧旨，便消除一切苦厄，得到最後解脫，「究竟涅槃」。

7 圖像

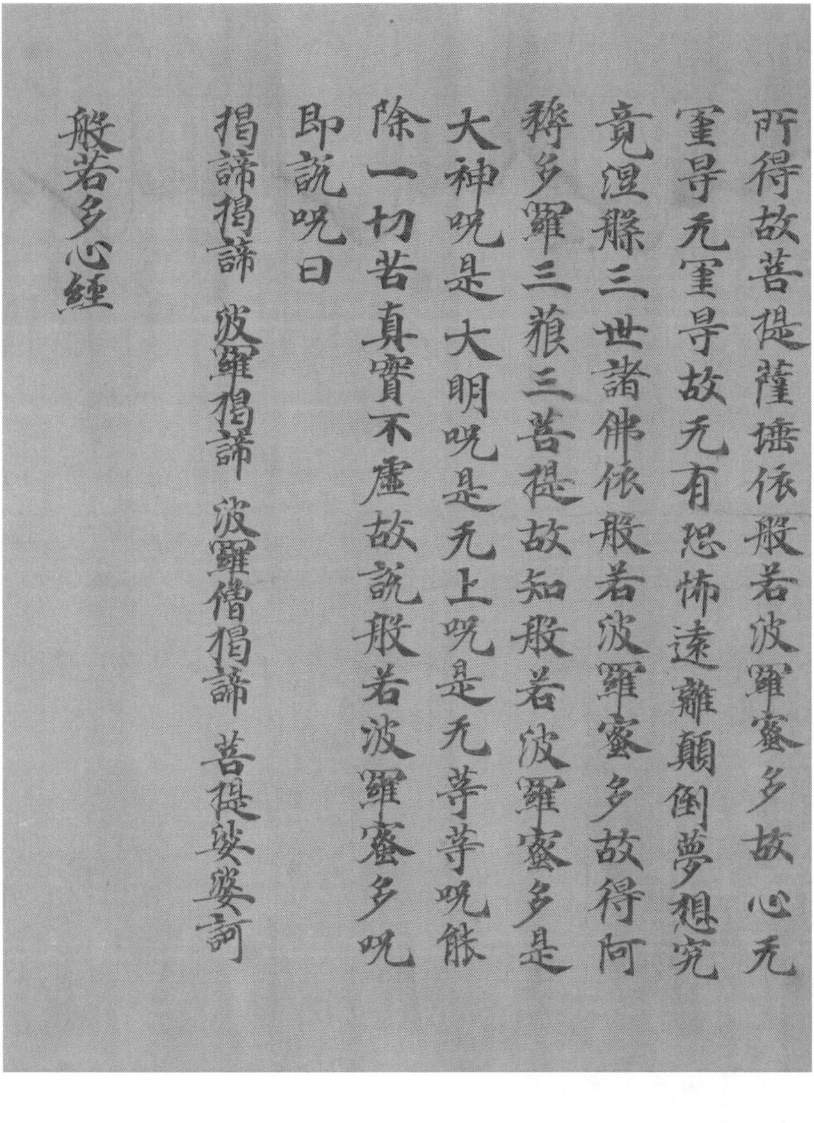
所得故菩提薩埵依般若波羅蜜多故心无
罣㝵无罣㝵故无有恐怖遠離顛倒夢想究
竟涅槃三世諸佛依般若波羅蜜多故得阿
耨多羅三藐三菩提故知般若波羅蜜多是
大神呪是大明呪是无上呪是无等等呪能
除一切苦真實不虛故說般若波羅蜜多呪
即說呪曰
揭諦揭諦 波羅揭諦 波羅僧揭諦 菩提娑婆訶
般若多心經

玄奘大師

三寶佛：釋迦牟尼佛(中)、藥師佛(右)、阿彌陀佛(左)

2020年10月23日作者參加中央大學舉辦

「佛教文學研討會」

上圖：歡樂滿人間，果報在修心
下圖：作者和姪女(釋法清)合影

心念護持觀照自我

目 次

序

作者自幼皈依佛門，少不更事，常逾越倫理規範，幸好在雙親炙熱如沐春風循循之善誘，一顆赤子之心，逐漸走向「善念」的因緣。作者生在戰亂的日治（一八九五—一九四五）時代，曾在一九五八年參與金門「八二三」戰役，恭逢其盛；更在越戰、棉戰以及瓜地馬拉游擊戰中，受到烽火的煎熬，怵目驚心，血肉橫飛。面對著殘酷景象，槍林彈雨，慘絕人寰，生命幾乎頻於危殆，若不是佛陀、觀世音諸佛之庇護、眷顧，小命早已不在人世間！

近年來，不經意間和親朋摯友交談時，提及《般若心經》一文，均異口同聲的咸認經文內容難懂，不易瞭解真義，以致影響誦讀之心力，而有放棄對《心經》執著之願力。作者亦有同感，因此，不揣譾陋，矢志撰寫一本能使人人易唸易懂的《心經》。一年多來，除了閱讀十多本《心經》書籍之外，間或赴台北淨空大師所創辦的「佛陀教育文教中心圖書室」瀏覽相關典籍，同時藉著自藏《佛光大辭典》加以旁徵佐引，引經據典。希冀做到「信實與淺顯」。《心經》本文各段落，均按經文、詮釋、註解、佛法智慧等四個步驟，循序進行，並附以表解，期使讀者一目了然，加深學習印象。另外亦將佛教平日用語，廣蒐列入〈佛學辭典〉，增廣讀者智慧之門。本書力求簡明完整，力有未逮之處，祈請菩薩先進匡以斧正。日前一位修心誠正甚深的摯友，寄來一首七言詩勉勵，自當儆惕精進：

恒持淨戒莊嚴悟
公心悲智拔苦崖
將領引眾虔敬懺
軍士用命齊渡還
功果早定菩提眷
德業潤身奕世綿

無上法印大悲化
量周沙界正法傳

在佛教的三藏十二部經典裡，《華嚴經》有「經中之王」的稱譽，共有八十卷。比《華嚴經》更長的一部是《大般若經》，有六百卷，不易深入研究，而這部《般若心經》是佛經裡面最短的一部經文，只有二六〇個字，它卻代表了六百卷的《大般若經》，是故《般若心經》就是《大般若經》的宗要。《般若心經》是為觀世音菩薩所述修行般若的心法概要，有了它作為修行般若波羅蜜的總綱要，必能「去一分無明，證一分法身」，依此真修實證，在人生苦海的航行上，就有了般若燈塔的指引，終能解脫成佛，遠離輪迴之苦，到達極樂的彼岸。

《般若心經》的架構涵蓋了三乘的修行過程，也就是佛陀三轉法輪敘述的精要，可以說《心經》就是整個佛法修證的架構。佛陀從初轉法輪，講說蘊界處、四諦、十二因緣法門，是聲聞緣覺悟道的方法，集結為《阿含經》；在二轉法輪說到般若空性的義理，就是集結而成的《大般若經》，而《心經》則是般若部的精華，是菩薩悟道的方法；在三轉法輪是提及瑜伽行教了義經法輪，也就如來藏和自性，是菩薩成佛的修證方法。佛法就是要滅除一切世出世間的煩惱，中間則涵蓋了三轉法輪的內容，也就是滅苦的修證過程。小乘著重在希求解脫自己的痛苦煩惱，而大乘則著重在推己及人，解除一切眾生的苦楚折磨。不論是滅自己的苦或是剷眾生的痛，皆需要「波羅蜜」的依恃。

本書分成三部分：

第一篇是《佛教的緣起》，說明佛教在中國蓬勃發展的概況以及玄奘大師譯述《心經》過程。

第二篇是《心經》的禪解，將《心經》的核心要旨予以闡明解說，進一步對善男信女提出精進《心經》的修持方法。

第三篇是《心經》的法要，將《心經》全部內容，逐句地解釋其涵義，層次分明，言簡意賅，有助於眾人作義理的探究。

心為萬法之始，眾義之宗，《大般若經》的畢竟空與《心經》的諸法空相，皆以真心為根源。《心經》的目的就是要世人「捨妄求真」，向自身本有的內心探求，使般若智慧萌芽，進而開花結果，覺悟無上正等正覺。《金剛經》上說：「如來是真語者、實語者、如語者、不誑（ㄎㄨㄤˊ）語者、不異語者……。如來所得法，此法無實無虛。……如人有目，日光明照，見種種色。……以佛智慧悉知是人，悉見是人，皆得成就無量無邊功德。」我們不只是閱讀、誦持、聽聞、思惟《心經》的境界，還要建立正知正見，將其內容變成實踐實修的法門，融入日常生活當中，從見地上的體悟，到道地上的修證法則，來證入《心經》所描繪的圓滿果地。深盼願與本書有緣者，秉持著「有愛就能產生心願，有了堅定的意志，自然而然發揮無比的力量」，來體解空義，離苦得樂。祝福菩薩先進法體康泰，佛光普照，法水流長！

弟子  謹識

二〇二一年九月虛度八十六歲頂禮膜拜

《般若波羅蜜多心經》

唐・三藏法師玄奘譯

（《大正藏》第八冊八四八頁下）。

注音和標點作者加註。

觀自在菩薩，行深般若波羅蜜多時，照見五蘊皆空，度一切苦厄。舍利子！色不異空，空不異色；色即是空，空即是色；受、想、行、識，亦復如是。舍利子！是諸法空相，不生不滅，不垢不淨，不增不減。是故空中無色，無受、想、行、識。無眼、耳、鼻、舌、身、意；無色、聲、香、味、觸、法；

無眼界，乃至無意識界。無無明，亦無無明盡，乃至無老死，亦無老死盡。無苦、集、滅、道。無智亦無得。以無所得故，菩提薩埵，依般若波羅蜜多故，心無罣礙；無罣礙故，無有恐怖，遠離顛倒夢想，究竟涅槃。三世諸佛，依般若波羅蜜多故，得阿耨多羅三藐三菩提。故知般若波羅蜜多，是大神咒、是大明咒、是無上咒、是無等等咒；能除一切苦，眞實不虛。故說般若波羅蜜多咒，即說咒曰：

揭諦，揭諦，波羅揭諦，波羅僧揭諦，菩提薩婆訶。

第一篇 佛教的緣起

壹、佛教在中國的傳播

佛教在西元前六世紀，古印度河流域迦毗(ㄆㄧˊ)羅衛國(註一)的王室太子悉達多．喬答摩創立，佛教傳遍印度次大陸後，原始佛教內部對教義理解不一，分裂為上座部和大眾部。當時三十五歲的悉達多．喬答摩，修道成釋迦牟尼佛，也被尊稱「佛陀」。

釋迦牟尼本名喬達摩．悉達多，喬達摩是姓，悉達多是名，意思是成就一切。釋迦牟尼是人們對他的尊稱，因他是釋迦族的人，「牟尼」是賢人的意思，釋迦牟尼即為釋迦族的賢人。二千五百多年前，古印度有個迦毗羅衛國，國王叫淨飯，王后叫摩耶。摩耶夫人年過四十，十月懷胎在一棵無憂樹下生下王子。夫人生下王子七天後去世，升入「忉(ㄉㄠ)利天」(意譯為三十三天，為欲界的第二層天，在須彌山頂上)即天堂。佛陀降生地「藍毗尼園」，便被視為佛教聖教，遺址現由尼泊爾政府作為古蹟保護，供眾人參訪、瞻仰。釋尊誕生時，行七步，舉手言：「天上天下，唯我為尊；三界皆苦，吾當安之」。指每位有情眾生皆有的第八識如來藏為最尊、獨一無二(無量義)之偈句。太子遂由姨母摩訶波闍(ㄉㄨ)波提撫育成人。太子少時隨從婆羅門毘奢蜜多羅學習文藝，隨羼(ㄔㄢˋ)提提婆學習武技，皆悉通曉。及長，迎娶天臂城主善覺王之女耶輸陀羅為妻，生子羅睺(ㄏㄡˊ)羅(註二)二十九歲時，脫衣冠為沙門。決定拋棄榮華富貴，刻苦修行，以求解脫「老、病、死」厄苦。佛陀，又稱為「釋迦牟尼佛」、「世尊」、「如來」、「釋迦如來」、「釋迦文佛」、「釋迦佛」。佛陀，意為悟道者，漢譯為覺悟者、覺者。由於其智慧具足，三覺(註三)圓明，知一切法與一切行，覺悟宇宙生命實相真理，並能教導眾生覺悟，因而得名。佛陀出家後，曾苦行長達六年之久，發現「苦行」無法求得真正解脫，便開始提倡既不苦行亦不縱慾的中道。

佛陀於苦行六年後，決定轉而前往菩提伽耶，坐於菩提樹下。時年三十五歲。上座部佛教《南傳菩薩道》記載，佛陀下定決心：「且讓我剩下皮，且讓我剩下腱，且讓我剩下骨頭，且讓我的血肉乾枯。除非能證悟一切知智，否則我絕不從此座起身」。佛陀在菩提樹下大徹大悟後，說的第一句話是：「奇哉！奇哉！大地眾生皆有如來智慧德相，只因妄想執著而不能證得」。只要消除「無明」，不再迷惑，人人皆可成佛，這也正是佛教的責任，所以，佛要開導，啟發眾生。佛陀從成道至涅槃前，曾舉辦逾三百次法會，除了最初度化的五比丘等一千二百五十位常隨眾外，還到過印度各國現身說法。正如《維摩詰(ㄐㄧㄝˊ)所說經》提及：「佛以一音演說法，眾生隨類各得解」。佛陀在四十五年內不斷救度眾生，臨終前於拘孫河作最後之沐浴，復至拘尸那揭羅城沙羅雙樹林，頭北面西呈吉祥臥。夜半，釋尊將捨壽前，對諸弟子教誡，而後平靜入滅。釋尊之遺骸置於末羅族之天冠寺，施以火葬，其遺骨由八國均分，各國紛紛建塔供養，此即今日十塔之由來。

佛教傳入中國大約是西漢時期，哀帝劉欣（前26-前1）元壽元年（前2年）博士弟子景盧出使大月氏伊存，其王使人口授《浮屠經》。東漢承平七年（64），漢明帝劉莊（28-75，崇尚儒教學術）派蔡銀愔(ㄧㄣ)和秦景兩人前往天竺求訪佛學，永平十年（67），兩人迎來迦葉摩騰和竺法蘭（註四）高僧，帶來許多佛經、佛像，用白馬馱(ㄉㄨˋㄛ)回首都洛陽，皇帝旨令專人修建房屋，供其居住，在白馬寺翻譯《四十二章經》。中國在佛教史上，多以漢明帝永平十年（67）作為佛教傳入之年，白馬寺成為中國第一座佛寺，而《四十二章經》（註五）也成為中國第一部漢譯佛經。從東漢經過南北朝時期，佛教發展迅速，隋唐進入鼎盛，宋元時期，儒、釋、道合流。「佛說四十二章」是這部經的一個別名，別名裡邊又分出來這部經是人法立題。「人」，佛是人；四十二章經，是「法」，所以叫人法立題。這部經是佛所說的法，佛的弟子在結集經藏的時候，把它一章一章地結集在一起，也可以說是佛的語錄，把佛所說的話聚集在一起，成為一部經。四十二章是四十二段的語錄，也就是佛所說四十二章的佛法。

……………

佛學辭典

「大悲咒」即說示千手千眼觀世音菩薩內證功德之根本咒。誦此咒能得十五種善生，不受十五種惡死。於今之密宗、禪宗等顯密宗派，均極重視誦此持咒。本咒文有多種翻譯，其章句依各經而異，如千手千眼觀世音菩薩大悲心陀羅尼，不空譯，所載則有八十二句。

佛成道，說《華嚴經》之後，就到鹿野苑宣說佛法，轉四諦法輪，「轉」就是輾轉；「四諦」，就是苦、集、滅、道；「法」，是方法、法則；「輪」，因佛所說的法，是從心性流露出來，流到眾生的心中，使眾生返迷歸覺。轉四諦法輪，是世界最先有佛法之時，轉法輪會有三轉，三轉四諦法輪：

第一轉是示轉，又叫初轉，就是開始轉法輪，指示四諦法是什麼？

「此是苦，逼迫性。此是集，招感性。此是滅，可證性。此是道，可修性。」

第二轉是教轉，就是教轉四諦法輪：

「此是苦，汝應知。此是集，汝應斷。此是滅，汝應證。此是道，汝應修。」

第三轉是證轉，是證轉四諦法輪：

「此是苦，我已知。此是集，我已斷。此是滅，我已證。此是道，我已修。」

東晉之前，中國出家人是沒有統一姓氏，一般僧人跟隨師姓。中國第一位提出以「釋」字為出家人姓氏的是東晉的道安法師（註六）。他認為出家人應捨其俗姓而以「釋」為姓，即以釋迦為氏，跟隨釋迦牟尼佛的教導，共同成為佛陀所創立的僧團的一份子。從此之後，所有漢傳出家人，都以「釋」為姓。

由於傳入中國的時間和路線不同，中國廣泛弘傳的佛教分為三大支，即漢傳佛教、藏傳佛教與南傳佛教。前兩者屬於大乘佛教體系，後者則屬於上座部佛教體系。漢傳佛經是從梵文翻譯過來的漢文三藏；藏傳佛教多為藏文譯本；而南傳佛教經典為巴利語（古印度語言與梵語十分相近，可以用各種文字書寫，現無以巴利語為母語者，只用於書面交流和誦經使用）譯本。漢傳佛教有十大宗派：

部派二宗（小乘）：

・**成實宗**：又稱小乘空宗，是鳩摩羅什（註七）弘揚的姚秦時期開始，依賴的是小乘經書的教義與《成實論》為宗旨。

・**俱舍宗**：天親（註八）菩薩，新譯世親，佛滅後九百年頃，後於龍樹菩薩約二百年，西元五世紀初，生於北印度健陀羅國之富婁沙富羅城，婆羅門種族之家。著作現存有《唯識三十論》、《佛性論》、《十地經論》、《涅槃論》等二十九部。

……………

佛學辭典

「十八羅漢」指十八位永住世間護持正法之阿羅漢。以其為應受人天供養之真人，故又稱十八應真。經典中有十六羅漢之記載，而無十八羅漢之說。自元代以來，多數寺院的大殿中皆供有十八羅漢，且羅漢像之繪畫及雕塑一般亦多以十八羅漢為主，自此，十八羅漢在中國遠較十六羅漢普遍。此外，另有加上迦葉尊者、軍徒鉢歎尊者為十八者；西藏地區或加達摩多羅、布袋和尚，或加降龍、伏虎二尊者，或加摩耶夫人、彌勒二者。

八大宗派（大乘）：

・**天台宗**：也稱法華宗，隋代智顗（註九）智慧大師創立，是中國佛教最早創立的宗派，其教義主要依據《妙法蓮華經》，作為核心，以《大智度論》為指南。

・**法相宗**：又名唯識宗，唐朝玄奘創立，以「唯心所現，唯識所變」心識理論為課題。

・**淨土宗**：又稱蓮宗，唐代善導（註十），言傳與身教並舉，示寂後唐高宗以師念佛「口出光明，神異無比」賜額「光明寺」，主要宗旨以《彌陀經》為根本，以念佛內因兼願力外緣，內外相應。

・**律宗**：又稱四分律宗、南山宗，為唐代道宣（註十一）創立，主要學說是戒體論。遵循佛陀涅槃前說的話，大小乘的律學都研究。

・**三論宗**：又名法性宗，隋代吉藏（註十二）創立，依龍樹（150–250，出生印度，大乘佛教論師）的《中論》、《中論頌》及提婆（龍樹弟子，精於辯論）的《四百論》三論立宗，主要學說是「諸法空性」

和「中道實相論」。

‧**華嚴宗**：又稱賢首宗、法界宗，唐代法藏（註十三）創立，依《華嚴經》立宗，以《四法界》與《十玄門》為核心。

‧**禪宗**：又名佛心宗，唐代惠能（註十四）創立，以《壇經》為依據，開悟「不立文字，教外別傳；直指人心，見性成佛」。

‧**密宗**：又名真言宗，唐時由善無畏（註十五）、金剛智（註十六）與不空（註十七）等三位祖師傳入中國，宗旨是眾生依法修習「三密加持」，就能使身、口、意三業清淨，因充滿神秘內容的特徵，被稱為密教。

附註

註一：迦毗羅衛城，意思是妙德城或黃頭居處，為古代釋迦族的國都，也是釋迦牟尼的故鄉，位置在大雪山南麓，尼泊爾與印度的交界處。尼泊爾與印度學者各自主張該城位於本國境內，學術界對於其位置並無共識。疆土約二千六百六十六平方公里（約大臺北地區的面積），王城周圍十公里。東晉高僧法顯曾到過此城，在《佛國記》中稱此城為「迦維羅衛城」。唐代高僧玄奘也到過此城，在《大唐西域記》中對此有所描述。

註二：佛陀十大弟子之一。係佛陀出家前之子。以其生於羅睺羅阿修羅王障蝕月時，又因六年處於母胎中，為胎所覆，故有障月、覆障之名。佛陀成道後六年始還迦毗羅衛城，令羅睺羅出家受戒，以舍利弗為和尚、目犍連為阿闍梨，此即佛教有沙彌之始。其為沙彌時，有種種不如法，受佛訓誡，後嚴守制戒，精進修道，得阿羅漢果，自古譽稱「密行第一」。師列為十六阿羅漢之第十一，與眷屬一千一百阿羅漢共住畢利颺(ㄧㄤˊ)瞿(ㄑㄩˊ)洲，護持正法，饒益有情。

註三：為妙覺果佛所具足之三覺，即⑴自覺，謂覺知三世一切諸法常、無常等，悟性真空，了惑虛妄，功成妙智，道證圓覺。⑵覺他，謂運無緣之慈，度諸眾生，令離生死苦，得涅槃樂。⑶覺行圓滿，又作覺滿，謂三惑淨盡，眾德悉備，位登妙覺，行滿果圓。阿羅漢具自覺，菩薩具自覺、覺他二覺，佛具三覺。

註四：「迦葉摩騰」（？-73）中國佛教之初傳入者，中印度人，略稱摩騰。生於婆羅門家，博通大小乘經典，嘗至西印度一小國講《金光明經》，由此因緣遂使該國免於刀兵之禍。後漢永平十年（67），應明帝之請，與竺法蘭攜經卷與佛像至洛陽，住於明帝為其所建之白馬寺，兩人合譯《四十二章經》，為我國譯經之濫觴，亦為東土有佛法之始。兩人乃出而宣揚佛德，凡見聞者，皆相率皈依佛門。「竺法蘭」東漢僧，中印度人，諷誦經論數萬章，為天竺學者之師。據《梁高僧傳》卷一載，東漢明帝派遣蔡愔至西域求取佛經，師與大月氏僧迦葉摩騰結伴前來中國。所譯之經另有《十地斷結經》、《佛本生經》、《佛本行經》、《法海藏》等。後寂於洛陽，世壽六十餘。

註五：全一卷，後漢迦葉摩騰和竺法蘭共譯。為我國最早翻譯之佛教經典。收於大正藏第十七冊。全經共有四十二章，故稱《四十二章經》。每章內容簡短扼要，最長者僅百餘字，最短者二十餘字。經中簡要說明早期佛教之基本教義，重點在說明沙門之證果、善惡諸業、心證、遠離諸欲、人命無常等諸義，闡示出家學道之要義，其說理方式，平易簡明，為佛教之入門書。

註六：道安（312-385）為東晉佛教（我國初期佛教急遽發展之時代）之中心人物。十二歲出家，敏睿逸倫，研習經論，識志超卓。嗣入佛圖澄之門，其後北方大亂，與其師輾轉避於諸方，而於湖北襄陽講說教化十五年。前秦苻堅聞其名，率兵攻陷襄陽，迎至長安，居五重寺，事之以師禮。道安嘗勸苻堅招請西域之鳩摩羅什，並著手整理漢譯經論，編成《綜理眾經目錄》一書，所作目錄等雖不存於今，然《出三藏記集》係根據其著作而編成者。此外，復致力於經典翻譯，及諸經序文、注釋之作，共注序二十二部。將經典解釋分為序分、正宗分、流通分等三科，此法亦沿用至今世。另於僧團儀式、行規、禮懺等，多所制立，且定「釋」氏為僧姓，悉為後世所準。一生功業，於佛教史上貢獻至鉅。

註七：鳩摩羅什（344-413），東晉龜茲國人，即新疆疏勒，我國四大譯經家之一。羅什自幼聰敏，七歲從母入道，遊學天竺，徧參名宿，博聞強記，譽滿五天竺。後歸故國，王奉為師。前秦苻堅聞其德，遣將呂光率兵迎之。呂光西征既利，遂迎羅什，然於途中聞苻堅敗沒，遂於河西自立為王，羅什乃羈留涼州十六、七年。直至後秦姚興攻破呂氏，羅什始得東至長安，時為東晉隆安五年（401）。姚興禮為國師，居於逍遙園，與僧肇、僧嚴等從事譯經工作。羅什通達多種外國語言，所譯經論內容卓拔，文體簡潔曉暢，至後世頗受重視。其時，四方賢俊風從，羅什悉心作育，皆得玄悟。一生致力弘通之法門，當為般若系之大乘經典，與龍樹、提婆系之中觀部論書之翻譯。所譯之經典，對我國佛教之發展有很大之影響。門下名僧輩出，蔚成三論與成實兩學派，故亦被尊為三論宗之祖。

註八：即《俱舍論》之作者，為古印度大乘佛教瑜伽行派創始人之一。父為國師，兄弟三人，兄名「無著」，弟名「師子覺」。天親菩薩，博學多聞，遍通墳籍；神才俊朗，無可為儔；戒行清高，難以相匹，造《阿毘達摩俱舍論》二十卷，深受當時新日王和王母尊信，受王與王母請留，住其都城阿緰闍（ㄩˊ ㄉㄨ）國，受其供養。

註九：智顗（538-597）為我國天台宗開宗祖師，世稱智者大師、天台大師。陳天嘉元年（560），入光州大蘇山，參謁慧思，講說四安樂行，師遂居止之。於瓦官寺開法華經題，從而樹立新宗義，判釋經教，奠定天台宗教觀之基礎。師之思想，係將法華經精神與龍樹教學，以中國獨特之形式加以體系化而成。依禪觀而修之止觀法門，為師之最具獨創性者。師之著述，建立了天台一宗之解行規範，其中《法華玄義》、《法華文句》、《摩訶止觀》，世稱為天台三大部。

註十：善導（613-681）唐代僧，號終南大師，為淨土宗第二祖。唐太宗貞觀十五年（641），赴西河玄中寺，謁見道綽，修學方等懺法，又聽講《觀無量壽經》。此後專事念佛，篤勤精苦，遂得念佛三昧，於定中親見淨土之莊嚴。故經其闡揚而確立之淨土宗，特稱善導流，為唐代佛教特色之一，對淨土宗影響至鉅。

註十一：道宣（596-667）俗姓錢，唐朝吳興（今浙江湖州市）人。為漢傳佛教律宗南山宗初祖，初依智首律師聽習律藏。道宣律師居終南山，後世因稱其撰述日南山律。南山以法華涅槃諸義而釋通四分律。貫攝兩乘、囊包三藏、遺編雜集、攢聚成宗。其撰述最著者為《四分律刪繁補闕行事鈔》、《四分律含註戒本疏》、《四分律隨機羯(ㄐㄧˊㄝ)磨疏》，世稱為「南山三大部」，與玄奘大師為同期聖僧。

註十二：吉藏（549-623），俗姓安，本西域安息人。幼年時，父親帶他去見真諦，為他取名吉藏。他七歲，從法朗出家，學習經論。法朗為鳩摩羅什系統三論教學之傳承者。師生平講說三論一百餘遍，《法華經》三百餘遍，《大品經》、《華嚴經》、《維摩詰經》、《大智度論》等各數十遍。著作甚豐，有《中觀論疏》、《十二門論疏》、《百論疏》、《大乘玄論》、《法華義疏》、金光明、無量壽等諸大乘經典之註釋書及略論。

註十三：法藏（643-712）康居國（係突厥系遊牧民族建立之王國）人，故以康為姓。為華嚴宗三祖。十七歲入太白山學佛，以智儼聽講《華嚴經》，深受智儼讚賞，二十八歲出家為沙彌。唐朝上元元年（760），奉詔在太原寺講《華嚴經》。後詔京師十大德為授具足戒，賜號賢首。從此參加翻譯、講經、著述，特別對《華嚴經》的翻譯貢獻最大、研究最深，前後講說三十餘次，成為華嚴宗的實際創立者，世稱賢首國師。

註十四：惠能（638-713），又作慧能，俗姓盧，生於唐代嶺南道（今廣東）新興縣，漢傳佛教禪門南宗祖師，與北宗神秀大師分庭抗禮，世稱禪宗六祖（禪宗北宗以神秀為六祖）。史學家陳寅恪(ㄧㄣˊ ㄎㄜˋ)讚其：「特提出直指人心、見性成佛之旨，一掃僧徒繁瑣章句之學，摧陷廓清，發聾振聵(ㄎㄨㄟˋ)，固我國佛教史上一大事也」。

註十五：善無畏（637-735），東印度烏荼國人，釋尊季父甘露飯王之後裔。十三歲嗣位，因內亂而讓位出家，至南方海濱，遇殊勝招提，得悟法華三昧。復至中印度那爛陀寺，投達摩鞠多座下，學瑜伽三密之法，盡得其傳，受灌頂為天人師。開元四年（716），奉師命，經中亞至長安，玄宗禮為國師，詔住興福寺南塔院，後移西明寺。翌年，奉詔譯經於菩提寺，譯出《虛空藏菩薩能滿諸願最勝心陀羅尼求聞持法》一卷，沙門悉達擔任譯語，無著綴文筆受。此後即致力譯經。師為將密教傳至中國之先河，與金剛智共同奠定密教之基礎。密教之根本聖典《大日經》（大毘盧遮那成佛神變加持經），即由善無畏口述，一行記錄而成。

註十六：金剛智（669-741），出身南印度婆羅門。十歲出家於那爛陀寺，二十歲受具足戒，廣習大小乘經律論，三十一歲，從南印度龍智學習密教。繼善無畏東來之後三年，於唐開元七年（719），偕弟子不空由海路經錫蘭、蘇門答臘至廣州，建立大曼荼羅灌頂道場，化度四眾。八年，入洛陽、長安，從事密教經典之翻譯，並傳授灌頂之祕法。譯有《金剛頂經》、《瑜伽念誦法》、《觀自在瑜伽法》等八部十一卷。

註十七：不空（705-774），南印度師子國人。十四歲從金剛智三藏學悉曇章，誦持梵經。尋渡南海，唐玄宗開元八年（720）抵洛陽，時年十六。天寶五年（746）還京師，為玄宗灌頂，住淨影寺，以祈雨靈驗，賜號智藏，並賜紫袈裟。大曆六年（771）表進開元以來所譯經七十七部一〇一卷及目錄一卷，並請入藏。師與鳩摩羅什、真諦、玄奘等並稱四大翻譯家，對確立梵語與漢字間嚴密的音韻對照組織之功甚鉅。

佛學辭典

五毒：即貪、瞋（ㄔㄣ）、癡、慢、疑。貪愛五欲，是煩惱的根本。瞋，不明事理，傷害感情。癡，愚癡無明。慢，驕慢自大。疑，狐疑猜忌。「貪瞋癡」即貪欲、瞋恚、愚癡等三種煩惱。有利益我者生貪欲；違逆我者生瞋恚；此結使不從智生，從狂惑生，故稱為癡。此三者為一切煩惱之根本，荼毒眾生身心甚劇，能壞出世之善心，故稱為三毒。

貳、《般若心經》譯者

唐．三藏大師　玄奘

玄奘大師（602-664）洛州緱氏縣人，即河南偃師。是漢代太守陳仲弓的後裔，生於七世紀，生平跨越隋、唐兩個朝代。俗姓陳名褘，別名唐僧、唐三藏。法相宗之創始人。據《大唐大慈恩寺三藏法師傳》卷一記載，幼年人品高貴，智慧聰明，個性獨立，在八歲那年，已從其父學習儒家經典。祖父陳康為北齊（550-577，是中國北朝之鮮卑化漢人政權，史稱北齊或後齊，以別於南齊）國子寺、國子博士（國子寺：祭酒一人，從三品；國子博士：祭酒一人，秩六百石）。其父陳惠在隋初曾任江陵縣令，大業末年辭官隱居，潛心修佛。玄奘有三位哥哥，二哥陳素，早年在洛陽淨土寺出家，號長捷法師。玄奘年滿十歲就隨著長捷法師學習佛經五年，尤其在聲聞乘和緣覺乘並研讀《法華經》、《維摩詰經》等。十三歲洛陽度僧，破格入選，聽聞景法師講授《涅槃》、從嚴法師學《攝論》，他勤奮的經讀與修行態度已顯現端倪。唐高祖李淵（566-635，唐朝開國皇帝）武德五年（622），在成都大慈寺受具足戒，離開長捷，沿江東下參學，在荊州天皇寺，講說《雜心》與《攝論》等經文，淮海一帶的名僧皆聞風而來。後赴趙州觀音院跟道深法師學《成實論》，造詣日深。唐太宗李世民（598-649，唐朝第二位皇帝）貞觀元年（627）重遊長安，學習《俱舍論》、《涅槃論》，因能窮通各家學說，譽滿京城。當時流行的攝論宗（註一）和地論宗（註二）兩家，玄奘希望能學《十七地論》，即今之《瑜伽師地論》（註三）求融會貫通，於是下決心西行印度求法取經。他自忖：「求學貴於經遠，義重疏通，鑽仰一方，未成探頤（ㄧˊ）。若不輕生殉命，誓願往西天取經，如何能其覿（ㄉㄧˊ）讀成言，用通神解」。唐武德九年（626）在長安遇到來自中印度的波羅頗多羅，他是印度高僧戒賢（註四）的弟子。玄奘聽他說戒賢在「那爛陀寺」（註五）講《瑜伽師地論》，非常嚮往，從此立下西行求法的決心。貞觀元年（627）玄奘上表，請允西行求法，但未獲唐太宗批准。

……………

佛學辭典

白馬寺，位於河南洛陽縣東（故洛陽城西），東漢明帝時興建，為我國最古之僧寺。由於天竺之攝摩騰和竺法蘭二僧以白馬自西域馱（ㄊㄨㄛˊ）經來我國。明帝遂敕（ㄔˋ）令於洛陽城西雍門（西陽門）外之建造精舍，稱之為白馬寺。攝摩騰與竺法蘭曾在此譯出《四十二章經》，為漢譯佛典中最早譯出之經。寺門兩旁有他倆僧之墓。

貞觀三年（629），偷渡玉門關，冒禁孤征，踏上了西遊取法的艱辛路程，歷經風霜雪雨，跋山涉水，酷暑乾旱。他在北印度遊歷了十多個國家，於貞觀五年（631），來到中印度曾遊歷三十多個國家，沿途向名僧學習佛教經典。在貞觀十年（636）抵達佛教聖地天竺國（漢朝稱身毒，即今日之印度），開始遍歷印度諸國，廣學聖教。在印度十多年間，佇留佛法重鎮「那爛陀寺」，跟著佛學泰斗戒賢法師聽授《攝大乘論》、《唯識抉擇論》。在此大小乘並舉，以大乘為主。那爛陀寺能容納一萬名學生和一千五百名教師，其中通二十部經論者千餘人；通三十部者，五百人；通五十部者，稱為「三藏法師」，包括玄奘在內，共十名。貞觀十六年（642），最成名的是他立了真唯識量論旨，戒日國王在佛教史上著名之「曲女城」舉辦一場聞名教界的大小乘僧和婆羅門等七千餘人辯論大會上，玄奘提出論文《真唯識量》講論，任人問難，無一人能予詰難，瞬間威名震五天竺，有十八個國家的國王，在這場辯論後，願皈依於玄奘座下，被大乘行者譽為「大乘天」，被小乘行者尊為「解脫天」。自此，他的聲名遠播，聲望日隆，晉升為「那爛陀寺」的副座主講，成為全印度佛學界的著名學者。玄奘西遊印度前後達十七年，行程五萬里路，名滿五印，當時五印盟主戒日王和十八大國國王，皆奉為「國師」，雖一致懇留，希望他不要回國，但他不為所動，為完備中土佛教經典之使命，要將所學貢獻於中國。貞觀十七年（643），師正式辭王東歸，經由今之新疆省南路，于闐(ㄊㄧㄢˊ)、樓蘭而回國。

貞觀十九年（645）正月，回到京師長安，帝敕命梁國公房玄齡等文武百官盛大歡迎。在長安城萬人空巷，只為見到大師的風采。唐太宗親自召見，盛讚他是：「千古無對」，沒有人可以比得上，安排他在弘福寺譯經工作，指令右僕射(ㄧㄝˋ)房玄齡（578-648，唐朝初年名相，凌煙閣二十四功臣之一）和太子左庶子許敬宗（592-672，官至中書令，即宰相）兩位，廣為召集精通佛理的僧侶五十餘人，協助整理文獻。當唐高宗李治（628-683，唐朝第三位皇帝）還是皇太子時，為了替已過世的母親文德皇后長孫氏（601-636，鮮卑族）祈福，而建造慈恩寺與翻經院，送法師和高僧入住。即位之後，於顯慶元年（656）令左僕射于志寧（588-665，政治家、宰相）、侍中許敬宗等人，一起修飾大師翻譯的佛經文句；國子博士范義頵、弘文館學士高若思等人，協助翻譯。佛經傳入中國，早期是個人獨立完成，爾後靠團隊合作益臻完善。中國從四世紀東晉（318-420）以來，便由官方設立「譯場」，專門翻譯佛典，來自各地的譯經家在譯場從事譯經。在五世紀鳩摩羅什（註六）主持的譯場有四百多人，而玄奘的譯場為六百多人，是歷代規模最大的譯場。所有譯經工作，都在大師的領導統合主持下進行，譯出的龐大經文，最終得經過他「嚴審慎核」。

玄奘從印度攜回梵文經典五二〇匣、六五七部，佛像主要有摩揭陀國的金佛像一尊、靈鷲峰山金佛像一尊，這些均陳列於弘福寺儲存。高宗永徽三年（652），在長安城的慈恩寺西院築了五層塔，就是現在的大雁塔，用來儲藏攜回的經像。隨後十九年間共譯出佛經七十五部、總計一千三百三十五卷，著名的有《大般若經》、《解深密經》、《瑜伽師地論》等，本經七十五部經中，《般若波羅蜜多心經》是文字最簡短，義理最精簡的一部。在六百卷《大般若經》，卻是他翻譯一生中最鉅大的傑作。至於論著，有《本成唯識論》與《大唐西域記》。他還把《老子》與《大乘起信論》譯為梵文，傳入印度。他的弟子有幾千人，著名的有窺基、圓測、普光、法寶、慧立、玄悰（ㄘㄨㄥˊ）等，其中窺基也寫了《成唯識論》，為中國的唯識學奠定了基礎，禪宗就是以唯識為根基。師歸後，為太宗、高宗所欽重，賜號「三藏法師」。太宗且曾兩度勸其棄道輔政，師均以「願守戒緇（ㄗ）門，闡揚遺法」而固辭之。帝唯從其志，助其譯經工作，建長安譯經院，詔（ㄓㄠˋ）譯新經，師先後於弘福寺、大慈恩寺、玉華宮譯經。師於印度所學遂盡傳至中國。

玄奘從西域到南印度總共遊歷了一百十個國家，還聽聞其他國家的風土民情，總共一百四十個國家，由他口述，得意弟子辯機（註七）執筆編成的《大唐西域記》十二卷，記載他親自經歷及所聞一百四十個國家的地理位置，社會風俗和文化思潮等，這本書是研究古代西域及中亞、南亞的重要典籍，被譯成英、法、日等外國文字，受到國際學者的重視。也是一部珍貴的歷史地理文獻，對近代考古遺跡之挖掘，做出重大貢獻。今日在那爛陀寺、鹿野苑、菩提迦耶阿育王塔及桑奇大塔寺等佛教遺址，於1861年，由英國考古學家亞歷山大・康寧漢（Alexander・Cunningham），在十九世紀根據玄奘的記載而所發掘。

談到辯機二十六歲時就已高才博識，聲名鵲(ㄑㄩㄝˋ)起，成為唐貞觀十九年（645）所成立的譯經場之九大綴文之一。當年有此殊榮者全國不滿三十位，他能擠入其中，可見才華超群。他還協助玄奘譯出《顯揚聖教論頌》一卷、《六門陀羅尼經》一卷、《佛地經》一卷、《天請問經》一卷及《本事經》七卷等重要經典。大師是在麟德元年（664）二月五日翻完《大般若波羅蜜多經》後，積勞成疾，於玉華寺圓寂，葬在白鹿原雲寺。雖然還想再譯《大寶積經》，但已力不從心。安葬那天有一百多萬人送葬，三萬多人露宿墓旁。師示寂後，高宗哀慟逾恒，為之罷朝三日。追諡(ㄕˋ)「大遍覺」之號，敕(ㄔˋ)建塔於樊川北原。

大師當年西行取經共有三條路線：一是他所選的繞行新疆路線，與漢朝所開闢的絲綢之路吻合；二是走海路赴印度；三是直線從雲南途徑青藏高原和喜馬拉雅山脈到印度。最輕鬆的海路，不用跋山涉水，可是他取經本是不被允許的，臨出發前差點被捕，所以水路是不可行。第三條路線，走雲南的方向穿梭橫斷山脈，是最快又最便捷的路徑，但是以他孤身的狀況，不可能度過青藏高原或是喜馬拉雅山脈高原與雪山的阻擋，況且這條路無人跡，沒有物質資源，環境十分惡劣，要到達印度幾乎零機率。再說選擇第一條路，這路上水源充裕，來往商旅絡繹不絕，經濟繁榮，安全性較高。這條路線所連接的地區，從長安出發，過哈密、高昌、河中、吐火羅、俾路支而到北印度，沿途皆是信仰大眾部佛教的地方，眾多從天竺來的僧人都是從絲綢之路來的，遡而求之，自然能得到結果。大師一路上都用自己的雙腳，一步步走到印度，跨越了大山、樹林、沙漠等荊棘挑戰，可知他求道之行有多麼的強烈，其堅毅不拔之精神，令我們感佩敬仰！

綜觀玄奘大師的一生，身兼三藏法師、譯經師，是一位宗教家。由於精通梵文，所譯經典既不失原旨，又通順流暢，便於中國人閱讀。其譯經品質之精粹，無人能及，達到了對翻譯的最高要求「信、雅、達」，堪稱是中國第一位最偉大的翻譯家。《大般若波羅蜜多經》簡稱《大般若經》的翻譯，費時四年完成，耗盡了全部心血嘔作。玄奘被譽為「三藏法師」，梵語 **tripita-ācārya**。經藏、律藏、論藏，名之三藏：經藏闡明定學，是釋迦牟尼說的教法；律藏闡明戒學，是佛教僧團的行為準則和道德規範；論藏闡明慧學，是佛弟子對經、律的解釋，凡精通貫串三藏教義者，名為三藏法師，如玄奘大師、鳩摩羅什大師、智者大師（538-597，漢傳佛教出家僧侶為天台宗的創始人）、印順大師（1906-2005，畢生推行人間佛教，慈濟證嚴法師的入門師父，曾獲日本大正大學博士，為我國比丘界首位博士）等。三藏法師亦可稱為依三藏為師，三業與三藏相應，所言所行皆三藏之用，名為三藏法師。大乘佛教經典，為宣說「諸法空相」之義的般若類經典彙編，並廣述菩薩道，共六百卷。玄奘事蹟多見於《大唐大慈恩寺三藏法師傳》與《續高僧傳．玄奘傳》。梁啟超稱為「中國佛學界第一人」，艱難玉成的民族精神象徵。

玄奘大師所處的時代，正當印度佛教史上唯識（註八）思想最發達的時代，唯識思想的縝密，結構的嚴謹，且對心理細微的作用，都有深刻的體認，也有助於禪修，故吸引佛教界的投入研究，而玄奘對唯識情有獨鍾，因此，在他的著作中，無論是《會宗論》、《制惡見論》、《三身論》等，都是弘揚唯識的著作，在其翻譯經典中，最得意且用力甚深的，也是一系列唯識的經論。

陳氏後裔世代傳承，於每年農曆三月初九在故里偃（ㄧㄢˇ）師市緱（ㄍㄡ）氏鎮陳河村，舉行玄奘誕辰紀念活動。他的頂骨舍利，對日抗戰（1937-1945）時，日本人入南京，修路掘地得之，被掠奪到日本，安放於東京慈恩寺，一九四九年修建玄奘塔，一九五三年五月落成。唐高宗總章二年（669），玄奘墓遷至西安樊川（今興教寺），而墓地毀於黃巢之亂（875-884，是唐僖（ㄒㄧ）宗時由私鹽商人黃巢為首的民變，時間長達十年，導致唐末國力大衰，加速唐朝滅亡）。頂骨遷至終南山紫閣寺，西元九九八年被天禧寺住持可政，從南山將玄奘頂骨舍利請回南京。明洪武年間，遷至南崗，即現晨光機械廠所在地，建三藏塔供養，後連年戰火，塔毀。由於玄奘聲名顯著，各地都想迎請供奉，致使靈骨一分再分。一九四三年十二月二十八日，玄奘頂骨舍利「分送典禮」被分成九個地方：分別是南京靈谷寺和玄武湘山塔、成都淨慈寺、西安大慈恩寺、印度那爛陀寺、日本仙台市慈恩寺與奈良藥師寺、日月潭玄奘寺和新竹玄奘大學。

……………

佛學辭典

「須陀洹(ㄏㄨㄢˊ)」，為聲聞乘四果中最初之聖果，又稱初果。即斷盡「見惑」之聖者所得之果位。全稱須陀般那。「斯陀含」，係沙門四果之第二。又分為斯陀含向與斯陀含果，即預流果(初果)之聖者進而更斷除欲界一品至五品之修惑，稱為斯陀含向，或一來果向；若更斷除欲界第六品之修惑，尚須由天上至人間一度受生，方可般涅槃，至此以後，不再受生，稱為斯陀含果，或一來果。

附註

註一：為我國十三宗之一，以陳代真諦（499-569）為開山祖。依《攝大乘論》，主張無塵唯識之義，兼立九識義，倡對治阿梨耶識，證入阿摩羅無垢識之宗派。《攝大乘論》前後有北魏佛陀扇多、陳代真諦、唐代玄奘等三譯。

註二：我國十三宗之一，又作地論家、地論學派。係依《十地經論》之說，主張如來藏緣起義之大乘宗派。弘揚此宗思想者，稱為地論師、地人。

註三：彌勒講述，無著記。略稱瑜伽論，收於大正藏第三十冊。係瑜伽行學派之基本論書，亦為法相宗最重要之典籍，更為我國佛教史上之重要論書。內容記錄作者聞彌勒自兜率天降至中天竺阿踰陀國之講堂說法之經過，其中詳述瑜伽行觀法，主張客觀對象乃人類根本心識之阿賴耶識所假之現象，須遠離有與無、存在與非存在等對立之觀念，始能悟入中道，為研究小乘與大乘佛教思想之一大寶庫。由於本論廣釋瑜伽師所依所行之十七地，故又稱《十七地論》。又十七地之中，尤以「菩薩地」為重要。

註四：戒賢，西元六、七世紀間，大乘佛教瑜伽行派論師，為印度摩揭陀國那爛陀寺之住僧。係東印度三摩呾吒(ㄉㄚˊ ㄓㄚˋ)國之王族，屬於婆羅門種姓。少好學，遊歷諸方，訪求明哲，至那爛陀寺遇護法菩薩，聞法信悟而出家。年三十，即以論退南印一大外道，獲王嘉賞，為建伽藍。師長期主持那爛陀寺，弘傳唯識教義。其依《解深密經》、《瑜伽師地論》等，將佛教判為有、空、中三時，主張五種姓說。玄奘西遊時，師年已百餘，時為那爛陀寺大長老，玄奘師事之，且傳習其法。彼時，眾共尊師，不直呼其名，而美稱為「正法藏」。

註五：為古代中印度摩揭陀國首都王舍城北方之大寺院，其地即今拉查基爾北方約十一公里處之巴達加歐。五世紀初，笈多王朝之帝日王為北印度曷(ㄏㄜˊ)羅社槃社比丘建立本寺，歷代屢加擴建，遂成為古印度規模宏大之佛教寺院及佛教最高學府。那爛陀寺有八個大殿，十四個佛堂，兩座護法殿，一百零八座金瓦殿，一千多個金頂，禪房、僧舍千萬座。當時的「校長」(住持)戒賢更是博覽群書，窮通三藏。

在那爛陀遺址附近，還有那爛陀博物館及五十年代由中印兩國合建的玄奘紀念堂。兩者都很有參觀的價值。

註六：鳩摩羅什（344-413），東晉龜茲國人，即新疆疏勒。我國四大譯經家之一。父母俱奉佛出家，素有德行，自幼聰敏，七歲從母入道，遊學天竺，偏參名宿，博聞強記，譽滿五天竺。後歸故國，王奉為師。前秦苻堅（338-385，苻雄之子，是十六國時期前秦的君王，稱大秦天王）聞其德，遣將呂光率兵迎之。呂光西征既利，遂迎羅什，然於途中聞苻堅敗沒，遂於河西自立為王，羅什乃羈留涼州十六、七年。直至後秦姚興（366-416，後秦第二位皇帝，提倡佛教和儒學）。攻破呂氏，羅什始得東至長安，時為東晉隆安五年（401）。姚興禮為國師，居於逍遙園，與僧肇、僧嚴等從事譯經工作。羅什通達多種外國語言，所譯經論內容卓拔，文體簡潔曉暢，至後世頗受重視。其時，四方賢俊風從，羅什悉心作育，皆得玄悟。一生致力弘通之法門，當為般若系之大乘經典，與龍樹、提婆系之中觀部論書之翻譯。所譯之經典，對我國佛教之發展有很大之影響，被尊為三論宗之祖。

註七：辯機（619-？），唐代僧。師形貌偉晢，少懷高蹈之節，為長安大總
持寺薩婆多部道岳法師之弟子。玄奘大師自西域歸來，攜回梵文經
本六百餘部，於長安弘福寺譯經時，譯場內尚有諳解大小乘經論之
證義者十二人、綴文者九人、字學及證梵語者各一人及筆受者若干；
師即為綴文者之一，玄奘大師之《大唐西域記》一書，即由師執筆
綴文而成。

註八：識，即心之本體，離識變現之外無任何實在，稱為唯識。即認為吾
人自己心外之物心諸現象，皆由八識自體所變現之主觀（見分）與
客觀（相分），又將所認識對象之相似形狀，視為心內之影像所映現
而認為實在實有，且作為認識對象之物境自體（本質）亦從阿賴耶
識中之種子變生，故唯識以外無其他實在，稱為唯識無境，或據萬
有從識所變之意義，而稱為唯識所變。

佛學辭典

恒（恆）河沙數，比喻數量多得像恒河沙那樣無法計算。恒河，是印度的一條大河，為印度五大河之一，發源於西藏的喜馬拉雅雪山，向東南流，注入孟加拉灣。其源高且遠，其河寬且長，河中的沙，又細又多，超過世界諸多河流，又因是天竺（古印度）諸國的共同聖河，為大家所悉知悉見，所以佛說法時，常以恒河沙數譬喻極多之數，有「像恒河的沙子這麼多」的意思，為概數表述。

叁、玄奘大師大事記年表

西元	朝代	重要事蹟
602	隋文帝仁壽二年	四月六日（三月初九）出生於洛州緱氏縣，今河南省偃師市南境。
606（5歲）	隋煬帝大業二年	母親殷溫嬌（小名滿堂嬌）裁縫商女兒病逝。
609（8歲）	隋煬帝大業五年	父陳惠為他講授《孝經》，提倡人倫道德，宣說忠孝節義。
611（10歲）	隋煬帝大業七年	父親往生，隨二哥長捷法師住在洛陽淨土寺，學習佛經。
615（13歲）	隋煬帝大業十一年	受到鄭善果法師破格入選，洛陽度僧於金剛廣福教寺受教。
618（16歲）	隋煬帝大業十四年	(1)隋恭帝(代王)退位;唐王李淵稱帝,改國號為唐。
		(2)隨長捷法師一起往成都參學,聽名震中原寶暹法師講解《攝論》、道基講《雜心論》、惠振講《八犍(ㄐㄧㄢ)度論》,三、五年間,究通諸部,聲譽大著。
622（20歲）	唐高祖武德五年	在成都大慈寺受具足戒。究通諸部，常在大慈、空慧等寺講經，為蜀人所景仰。

624（22 歲）	唐高祖武德七年	離開成都，沿江東下參學，到荊州天皇寺，講授《攝論》、《雜心論》，淮海一帶的名僧聞風前來。六十高齡的大德智琰也對他執禮甚恭。
627（25 歲）	唐太宗貞觀元年	重遊長安學習外國語文和佛學，從道岳、法常、僧辯、玄會諸師鑽研《攝論》、《俱舍論》與《涅槃論》，窮盡各家學說，才能倍受稱讚，譽滿京師。
629（27 歲）	唐太宗貞觀三年	由長安出發偷渡玉門關，冒禁孤征，踏上西遊取法艱辛之路。
636（34 歲）	唐太宗貞觀十年	到達印度「那爛陀寺」，見到 106 歲戒賢大師，學習《瑜伽師地論》，得其法義精髓，列為十位上首弟子之一。瑜伽行派是玄奘留學生涯的主修科目，也是一生著力的佛學思想核心。並在印度各地遊歷求法。
639（37 歲）	唐太宗貞觀十三年	在「那爛陀寺」代戒賢大師講《攝大乘論》和《唯識抉擇論》，造成轟動，名噪一時。
642（40 歲）	唐太宗貞觀十六年	戒日王在首都「曲女城」無遮法會上辯論《真唯識量》論旨，十八日內始終無人敢上台與之挑戰，威震天竺。
645（43 歲）	唐太宗貞觀十九年	(1)正月回到長安，文武百官及萬人民眾目睹大師風采，舉國歡騰，同時展開譯經工作。受到唐太宗親自召見，賜玄奘為「三藏法師」，住長安弘福寺。

		(2)太宗曾兩度勸其還俗，出仕棄道輔政，大師以「志在為僧」堅決婉拒。 (3)太宗在內憂外患之下，已失卻以往的雄心壯志，反而轉向追求心靈層次的滿足，從原來篤信道教，轉而涉足佛教的領域。玄奘大師間或為太宗講述十善人天因果的觀念，佛法深深地植入了受萬民景仰的一代明君。
646（44歲）	唐太宗貞觀二十年	口述他經歷與所聞所見一百四十個國家的風土民情、史地等，由得意弟子辯機執筆，編成《大唐西域記》十二卷，珍貴的文獻，受到國際上的重視。
648（46歲）	唐太宗貞觀二十二年	(1)在長安譯出《瑜伽師地論》一百卷，簡稱《瑜伽論》，是佛教瑜伽行唯識學派的根本大論，也是大乘佛教瑜伽行者，修行所依循的根本論典。 (2)唐太宗甚為重視，為此經作序，這篇序文是傳世至今的《聖教序》，全文共一千九百零四字，全稱《大唐三藏聖教序》，包括唐太宗的序文、高宗李治的一篇記文及玄奘所譯的一首經三個部分，由沙門懷仁從王羲之書法中集字刻於碑石，以永垂後世。碑首橫刻有七尊佛像，又名《七佛聖教序》。

649（47歲）	唐太宗貞觀二十三年	(1)唐太宗卒，皇太子李治即位，是為唐高宗。太宗臨命終對玄奘說了一句語重心長的話：「很遺憾，朕認識大師太晚了，以至於無法共同廣辦佛事」。 (2)譯出《心經》，這是《大般若經》思想的核心典籍，是理解空性的入門，版本沒有序分和流通分，只有正宗分，因此被稱為略本。由於譯本直接清晰，朗朗上口，遂廣為流行。
652（50歲）	唐高宗永徽三年	在長安慈恩寺的西院，築七層方形佛塔，即今大雁塔，儲存從天竺攜回的經像。一九六二年寺內建立了玄奘紀念館。二〇一三年被列入世界文化遺產。
657（55歲）	唐高宗顯慶二年	(1)五月，高宗下敕，要求「其所欲翻經、論，無者先翻，有者在後」。 (2)玄奘針對翻經原則，秉持既要「忠於原典」，追求準確，又要「通俗易懂」，讓漢地群眾理解，雅俗共賞，易於傳播的弘法使命。
659（57歲）	唐高宗顯慶四年	(1)十月，玄奘由長安慈恩寺遷居玉華寺繼續翻譯佛經。大師對周圍環境十分滿意，曾對僧眾說：「向在京師，諸緣牽亂，豈有了時，今得終訖」。

		(2)高宗敕令遴選蘇敬等二十二人專家，編修「神農樺」，經四年編撰書成，為中國第一部藥典。
660（58歲）	唐高宗顯慶五年	(1)開始譯《大般若經》，全稱《大般若波羅蜜多經》，大乘佛教經典，為宣說「諸法空相」之義的般若類經典彙編，並廣述菩薩道，共600卷。 (2)大師的梵文相當於他的漢文程度，佛學名相的底蘊文勝於其他印度僧眾，這主要來自於他懂得運用當時的語體文和梵文之間的偈頌，發展出一套不同風格的譯法，也無人可以替代。
662（60歲）	唐高宗龍朔二年	唐高宗命令道士、女冠（女道士）、僧、尼等，在拜見父母時，要極盡禮儀，表現孝道。
663（61歲）	唐高宗龍朔三年	(1)十月終於譯完最後一部佛典《大般若經》巨著。在佛陀所說的一切經典當中，用最廣泛的理路來闡述空性的經典，就是《般若經》，故被稱為一切聖者之母，經中之王。 (2)大師說過：「修習空華萬行，願坐水月道場，降伏鏡像天魔，證得夢中佛果」。只要能善用此心，就可獲得自在，就能體會世間萬法「如夢幻泡影，如露亦如電」。

664（62歲）	唐高宗麟德元年	三月七日（二月五日）深夜於宜州同官縣，今陝西省銅川市玉華宮內圓寂，高宗極度悲傷，三天無法處理國事，初葬於白鹿原雲經寺；六六九年改葬於少陵原（又稱鳳棲原），建有舍利塔，並在此興建「興教寺」。唐中宗進諡「大遍覺」。

肆、《般若心經》的漢譯

中國最早的佛經翻譯，是迦葉摩騰於白馬寺譯《四十二章經》，今日《大藏經》所傳，超過八千餘卷。佛教從一世紀傳入中國後，二世紀起開始譯經，現今所見的漢譯佛典，大部分完成於魏晉南北朝（三至六世紀）與隋、唐時期（六至十世紀初），這段時期出現許多傑出的佛經譯師。其中以西域龜茲鳩摩羅什、印度西北的真諦（註一）、中國河南的玄奘及斯里蘭卡不空（註二）等四位最為著名，被稱為「四大翻譯家」。有三位分別來自不同的國家，包括西域的龜茲國、印度西北的優禪尼國、斯里蘭卡的獅子國，只有玄奘來自中國河南。除了玄奘之外，其餘三位都是來到中國譯經，擅長漢語的外國人。

佛教自創立以來，就在古印度廣泛傳播，在古印度經歷了一千八百年的發展，其過程大致分為四個時期：原始佛教時期（前六或前五世紀—前四或三世紀，即佛陀在世及入滅後一百年）、部派佛教時期（前四或前三世紀—西元元年前後，即佛入滅後百年，延續二、三百年）、大乘佛教時期（元年前後—西元七世紀，即佛入滅後四、五百年）及密教時期（七—十三世紀）。西元前六世紀是印度早期歷史上的轉折點。在古印度吠陀時代，印度河—恒河平原出現了許多王國，這些王國稱為聯邦國，其中十六個被認為是所有聯邦國中最大的，也叫十六大國，確切含意是「偉大的國家，人民的立足之地」，源自梵語 **Mahājanapada**。古印度十六大國在佛教創立之前就已興起。在十六大國之中，摩揭陀國（註三）最為強大，相當於今印度東部的大部分地區。佛陀一生多半在摩揭陀，佛教史上的王舍城與華氏城結集，亦在此國，因此，摩揭陀是印度重要的佛教聖地。唐朝貞觀年間，高僧玄奘往印度取經，曾路經此地。

佛經翻譯指的是，將佛經從梵語或其它西域語言翻譯成漢語的程序，是中國翻譯史上的一件大事，所翻譯出的佛經對中華文明產生巨大影響與貢獻，為世界上翻譯佛經最多的國家，其中有直接從印度、尼泊爾的古代語文翻譯的，有間接從中亞細亞的各種古文翻譯的，可見古代翻譯工作者用力之辛勤。中國佛經翻譯遞演時期概述如次：

……………

佛學辭典

歌利王，佛陀本生譚中所出現之王名。佛陀於過去世為忍辱仙人時，此王惡逆無道，一日，率宮人出遊，遇忍辱仙人於樹下坐禪，隨侍女見之，捨歌利王而至忍辱仙人處聽法，王見之生惡心，遂割截仙人之肢體。此係菩薩忍辱行滿之著名例子。

一、漢朝時期

西漢哀帝元壽元年（前二年），博士弟子秦景憲（本名秦景），據《魏略．西戎傳》稱，從大月氏王使伊存口授《浮屠經》，意實為《佛經》，這是中國歷史上最早有佛教的記載。安世高（註四）是第一位外籍僧人，東漢桓帝初年來洛陽，翻譯佛經，二十餘年間，譯出佛經三十九部四十一卷。桓帝末年（167），月支人支婁迦讖(ㄔㄣˋ)（註五）至洛陽，譯《道行般若經》十卷、《般舟三昧經》二卷、《首楞嚴經》二卷，還有譯《維摩詰經》、《大般泥洹(ㄏㄨㄢˊ)》、《大明度經》等。另康僧會（註六）是康居國人，譯出《六度集經》、《吳品》等；據《高僧傳》記載，晉武帝太康元年（280）去世為止，他一直以建初寺為中心，從事譯經和傳教。

二、南北朝時期

建元十八年，秦王苻堅（338-385，五胡十六國秦國皇帝，淝水之戰敗後，為部下姚萇(ㄔㄤˊ)所殺）派呂光（337-400，軍事家）滅龜茲，挾(ㄐㄧㄚˊ)鳩摩羅什以歸，當時前秦在「淝水之戰」後已滅亡，呂光遂在西涼自主，羅什被羈於西涼十八年。后秦君主文桓帝姚興弘始三年（401），秦主姚興迎羅什到長安，待以國師之禮，為他打造逍遙國。羅什在西明閣和逍遙園開始譯經，據《出三藏記集》載，羅什一生翻譯三藏經論三十五部，有《坐禪三昧經》三卷、《阿彌陀經》一卷、《摩訶般若波羅蜜多心經》二十四卷、《法華經》七卷、《維摩經》三卷、《大智度論》一百卷、《中論》四卷等。與羅什同時的譯經大師，還有佛馱(ㄊㄨㄛˋ)跋陀羅（359-429，古印度迦毗羅衛國，今尼泊爾人），姚秦弘始六年到長安、廬山，應慧遠之請，譯《達摩多羅禪經》，另在建業與法顯（340-418，三歲剃度出家，曾赴獅子國，即斯里蘭卡參學）合譯《摩訶僧祇律》、《大般泥洹(ㄏㄨㄢˊ)經》、《華嚴經》；劉宋永初二年（420-422，是南朝宋武帝劉裕年號）譯出《大方廣佛華嚴經》。

三、隋、唐朝時期

隋代共譯經五十九部二六二卷。唐代共譯經三七二部二一五九卷。主要分佈十三座譯場，其中「玄奘譯場」場面龐大，分工細緻，有證義、綴文、筆受、字學、證梵語、證梵文、書手等。武則天（624-705，中國歷史上唯一正統的女皇帝）時期，佛經翻譯的最大成果是實叉難陀（註七）譯出《華嚴經》，武周長壽二年（693），菩提流志（註八）到洛陽，在佛授記寺、大周東寺等處譯經，凡十九部二十卷，其中翻譯《大寶積經》最為艱鉅任務。

…………

佛學辭典

佛眼，指諸佛照破諸法實相，而慈心觀眾生之眼。係五眼之一。謂諸佛具有肉、天、慧、法四眼之用，乃至無事不見、無事不知、無事不聞，聞見互用，無所思惟，一切皆見。

四、宋朝時期

太平興國七年（982）七月，法天（註九）譯有《最上大乘金剛大教寶王經》一卷；常謹、法進筆受兼綴文。光祿卿湯悅、兵部員外郎張洎(ㄐㄧˋ)潤文，殿直劉素監譯，帝賜號「傳教大師」。景德元年（1004）法護（註十）至宋都汴(ㄅㄧㄢˋ)京，（今開封市），「西天三藏法護」來進佛舍利、貝葉梵經，賜紫衣束帛館於譯經院」，景德四年（1007）受賜「傳梵大師」稱號，天聖元年（1023）奉詔翻譯注輦(ㄋㄧㄢˇ)國使進貢的「金葉天竺梵經」，景祐二年（1035）和惟淨合撰《天竺字源》七卷。

……………

佛學辭典

阿僧祇（梵語 asāmkhya），為印度數目之一，無量數或極大數之意。於印度六十種數目單位中，阿僧祇為第五十二數。

五、近現代時期

近現代的佛經翻譯，主要聚焦於將漢語、藏語、日語、梵語，或巴利語佛經譯為英文、德文、法文等歐美語文，向西方人士推介；或者將巴利語、藏語經典翻譯爲漢文，譬如巴利三藏，有湯用彤(ㄊㄨㄥˊ)(註十一)翻譯的《南傳念安般經》、法舫法師(註十二)新譯《三寶經》、《吉祥經》等。

在佛教諸多經典中，《心經》是翻譯次數最多、最常受人誦念的佛經。從姚秦到宋代的六百年間，印度梵語的《心經》被譯成中文，前後達十一次，可見受大眾歡迎的程度。現存的有八種譯本：姚秦天竺三藏鳩摩羅什翻譯的《摩訶般若波羅蜜多大明咒心經》(西元 402 年)、唐三藏法師玄奘的《般若波羅蜜多心經》(西元 649 年)、唐三藏沙門義淨(註十三)的《佛說般若波羅蜜多心經》(西元 700 年)、唐摩竭提國三藏沙門法月(註十四)的《普遍智藏般若波羅蜜多心經》(西元738年）、唐罽（ㄐㄧˋ）賓國三藏般若共利言的《般若波羅蜜多心經》（西元790年）、唐三藏沙門智慧輪（註十五）的《般若波羅蜜多心經》（西元850年）、唐三藏沙門法成（註十六）的《般若波羅蜜多心經》（敦煌石室本，西元856年）及宋西天譯經三藏施護（註十七）的《佛說帝釋般若波羅蜜多經》（西元980年）。在《心經》眾多版本中，以玄奘的譯本最為流廣，他省去了原經的序分、流通分，使經文變得文短精粹，十分容易持誦，流傳至今不衰。

佛學辭典

阿彌陀佛（梵語Amitābha），為西方極樂世界之教主，略稱彌陀。此佛光明無量、壽命無量，故稱阿彌陀佛；此佛壽命無數、妙光無邊，故稱無量壽佛、無量光佛。一佛而有不同義之二名，為其他諸佛所未見。

《心經》是最精要的法義，代表著《大般若經》的濃縮與精要。《大般若經》總共六百卷，是般若波羅蜜多義理的說法結集。經文各卷有長有短，內容是佛陀在四個地方進行十六次集會所記載的經文，即所謂「四處十六會」（註十八）。這是般若經總集中最完整的編輯作品，其中就涵蓋《般若波羅蜜多心經》（簡稱《心經》）與〈金剛般若波羅蜜經〉（簡稱《金剛經》）。《大般若經》宣稱大乘即是般若，般若即是大乘，大乘與般若無二、無別，成為大乘佛教的基礎理論。般若十六會是大乘佛教史上關於般若思想的十六次討論集會，從西元前一世紀以來，前後歷經了數百年才完成。整個般若十六會所結集出來的龐大內容，經過玄奘大師大規模的整編、翻譯，就是我們今天所看到的六百卷《大般若經》。

附註

註一：真諦（499-569）五、六世紀間之著名譯經僧。西北印度優禪尼人，婆羅門種。聰敏強記，辯才不竭。少遊諸國，歷事諸師，精研四韋六論，貫練三藏五部，究明大乘之妙理。南朝梁代中大同元年（546）攜經典抵中國南海。太清二年（548）入建業（南京）謁武帝，時值「侯景之亂」，遂潛行南歸，輾轉遊歷今蘇、浙、贛、閩、廣州等地，而所至譯經不輟，每亦撰疏闡釋經論理趣。自梁武帝末至陳太建元年，共譯經論紀傳六十四部二七八卷，今僅存三十部，大多為佛教研究之重要典籍。其翻譯之方法與學識，為我國佛教傳譯史上之泰斗。其中以《攝大乘論》、《攝大乘論釋》影響最大，此二論乃南朝攝論學派之主要理論根據，真諦亦因之被尊為攝論宗之祖。

註二：不空（705-774）又作不空金剛，為唐代譯經家、密教付法第六祖。南印度師子國人。天資聰明，幼從叔父遊南海諸國，十四歲從金剛智三藏學悉曇(ㄊㄢˋ)章，誦持梵經。尋渡南海，唐玄宗開元八年（720）抵洛陽，時年十六。開元十二年（724）二十歲於洛陽廣福寺受具足戒，深獲三藏器重，盡得五部三密之法。及金剛智示寂，師遵遺命，往印度求法，遍遊五印度，於天寶五年（746）還京師，為玄宗灌頂，住淨影寺。以祈雨靈驗，賜號智藏，並賜紫袈裟。肅宗、代宗時，均遣使密求大法。對確立梵語與漢字間嚴密的音韻對照組織之功甚鉅。又與善無畏、金剛智並稱開元三大士。

註三：中印度之古國，為佛陀住世時印度十六大國之一，位於今南比哈爾地方，以巴特那（即華氏城）佛陀伽耶為其中心。此國與佛教之關係甚深。摩揭陀國周廣五千餘里，土地肥沃，風俗淳樸，崇尚佛法，有伽藍五十餘所，僧徒萬餘人，多宗習大乘教法；復有天祠數十，異道亦多；華氏城附近有阿育王塔、佛足石、雞園寺舊址、佛苦行處、三迦葉歸佛處等著名佛教遺蹟。此國之頻婆娑羅王，於舊都之北建立新王舍城，即今拉查基爾，並皈依佛陀，此後，該地成為佛陀最常說法之處。至孔雀王朝三世阿育王時，統一全印度，國勢大振，更派遣布教師至全國及海外各地宣揚佛教，建佛塔，立石柱，佛教極一時之盛。四世紀笈多王朝時代，佛教亦極興盛。五世紀初帝日王創那爛陀寺，成為印度佛教之中心。至七世紀，王朝衰亡，佛教亦隨之衰微。

註四：安世高（約二世紀）安息國人，名清，字世高，以安世高之名著稱於世。為印度西北、波斯地方（今伊朗）之古王國（安息）王子，其姓蓋從其出身地，故稱安，因而有安侯、安世高之稱。我國佛教初期之譯經僧。幼時即以孝行著稱，質敏性慈，博學多聞。父歿後，捨其王位皈依佛門，博曉經藏，尤精通阿毘曇學與禪。於東漢桓(ㄏㄨㄢˊ)帝建和二年（148），經西域諸國而至洛陽，從事翻譯工作，至靈帝建寧三年（170）共二十餘年，先後譯佛經三十五部，四十一卷。其所譯之經，義理明晰，文字允正，辯而不華，質而不野，主要傳播小乘佛教說一切有部之毘曇學和禪定理論。我國早期佛學之流布，由其奠定基礎，且為將禪觀帶入我國之第一人。

……………

佛學辭典

無諍三昧，謂住於空理而與他無諍之三昧。在佛弟子中，解空第一之須菩提最通解空理，故於弟子中所得之無諍三昧，最為第一。金剛經：「佛說我得無諍三昧，人中最為第一，是第一離欲阿羅漢」。無諍三昧者，以其解空，則彼我俱忘，能不惱眾生，亦能令眾生不起煩惱。

註五：支婁迦讖（147-？），又稱支讖，大月氏（中亞古國）人。後漢桓帝末年至洛陽，從事譯經。至靈帝光和、中平年間（178-189），共譯出佛經二十餘部，為第一位在我國翻譯及傳布大乘佛教般若學理論之僧人。於所譯諸經中，以《道行般若經》最為重要，乃般若經系各種經典中最早之譯本，促進魏晉時代玄學清談之風。師操行淳深，性度開敏，稟持法戒，以精勤著稱。

註六：康僧會（？-280），號為超化禪師，三國時代譯經僧。交趾（越南北部）人，其先世出自康居國（今新疆北部）。世居印度，至其父因經商始移居交趾。精通經律論三藏，後師事南陽韓林、潁川皮業、會稽陳慧等學僧，習漢譯佛典。三國吳赤烏十年（247）至建業，設像行道，遂訴於吳主孫權，經召而詰之，於三七日內感得舍利，孫權感其威神，遂皈依之，並為之建立「建初寺」，傳道譯經，其地稱佛陀里，建業地方佛教因此得興，此為佛教傳入我國南方之蒿(ㄏㄠ)矢。

註七：實叉難陀（652-710），為唐代譯經三藏，于闐(ㄊㄧㄢˊ)人，即今新疆和闐。善大、小二乘，旁通異學。證聖元年（695），持梵本《華嚴經》至洛陽，奉則天武后之命，與菩提流志、義淨等，於東都大內大遍空寺共譯成漢文，是即新譯《華嚴經》八十卷。此外另譯有《大乘入楞伽經》、《文殊授記經》等，凡十九部，一〇七卷。長安四年（704）歸國，後經再三迎請，於中宗景龍二年（708）再度來華，帝親迎於郊外。未幾罹疾示寂，荼毘後，其舌不壞。門人悲智等，送其靈骨及舌返于闐，起塔供養。後人並於荼毘處建立七重塔，稱華嚴三藏塔。

註八：菩提流志（562-727），南天竺婆羅門出身。天資聰睿，十二歲出家，師事婆羅奢羅外道，通曉聲明、數論，又通陰陽曆數、地理天文、咒術醫方等。年六十始悟釋教之深妙，隱居山谷，修習頭陀。又從耶舍瞿(ㄑˊㄩ)沙學三藏，未及五載，皆悉了達，遍臨諸講肆。唐高宗遙聞其雅譽，遣使迎之，長壽二年（693）至長安。則天武后厚禮之，敕住洛陽佛授記寺，同年譯出佛境界、寶雨等十一部經，中宗神龍二年（706），移住長安崇福寺，譯不空《羂(ㄐㄩㄢˋ)索神變真言經》、《一字佛頂輪王經》等。又繼玄奘之遺業，譯《大寶積經》，歷經八年，遂畢其功，新譯二十六會三十九卷，新舊合有四十九會一二〇卷。後辭譯業，專事禪觀，壽過百歲，道業不虧。開元十年（722），入住洛陽長壽寺。十五年九月絕飲食藥餌，而神色與平常無異，十一月五日奄(ㄧㄢ)然示寂，世壽一六六，帝追贈「鴻臚大卿」，謚(ˋㄕ)號「開元一切遍知三藏」。師所傳譯凡五十三部一一一卷，為唐代譯經之雄。

註九：法天，（？-1001）中印度人。原為摩揭陀國「那爛陀寺」僧。宋朝開寶六年（973）來中國，初住鄜(ㄈㄨ)州蒲津，譯出《聖無量壽經》、《七佛讚》等，由河中府梵學沙門法進執筆綴文。至太宗太平興國五年（980），由州府官上表進之，帝覽大悅，召入京師，敕賜紫衣，因而敕造譯經院。七年，師與天息災、施護等，蒙帝召，居於譯經院，各譯所攜之梵本。至七月，師譯出大乘聖吉祥持世陀羅尼經，帝賜號「傳教大師」。賜諡「玄覺大師」。自太平興國七年（982）至咸平三年（1000）十一月，師所譯之經共有四十六部七十一卷。

……………

佛學辭典

「苾(ㄅㄧˋ)芻」（梵語bhiksu），即出家入道，受具足戒之男子。以無所營於生計，悉賴乞食而清淨活命，故稱乞士。「苾芻尼」梵語bhiksunī，即比丘一詞之女性名詞，亦即比丘尼，即出家入道，受具足戒之女子。

註十：法護（963-1058），宋代譯經僧。北印度迦濕彌羅國人。幼習四吠陀典及諸記論。後於中印度摩揭陀國堅固鎧(ㄎㄞˇ)宮寺出家。曾從希有乘、妙意尊、布施鎧等學毘尼、聲明、三乘之學，又訪名師學大乘經論。真宗景德元年（1004），與法兄覺吉祥智至我國汴京，奉獻佛舍利、貝葉梵經。受賜紫衣，從事譯經。景德四年（1007），受賜「傳梵大師」之號。仁宗天聖元年（1023），受詔翻譯南海注輦《(ㄋㄧㄢˇ)國使所進貢之金葉天竺梵經。景祐二年（1035），與惟淨合撰天竺字源》七卷。至和元年（1054）因其戒德高勝，賜「普明慈覺傳梵大師」之號。世壽九十六，追諡「演教三藏」。師所譯經總共三十五部二百七十卷，其譯文十分難解。

註十一：湯用彤(ㄊㄨㄥˊ)（1893-1964），甘肅人，為學術界研究中國佛教史學之泰斗。曾留學哈佛大學，歷任北京、中央、西南聯大等大學教授，及北京大學文學院院長、中央研究院第一屆院士等職。精通梵文、巴利文、英文、日文，熟諳東西哲學與文學，曾在南京支那內學院（1922年7月成立）親近唯識學大師歐陽漸（1871-1943，現代中國佛教研究之先鋒）。其佛學造詣深湛，義理、史學皆通達。又所著《漢魏兩晉南北朝佛教史》、《往日雜稿》、《魏晉玄學論稿》、《印度哲學史略》等書，皆為學術界之上乘作品。其中，尤以《漢魏兩晉南北朝佛教史》取材豐富，方法嚴謹，在考證、義理上頗多創見，極受國際學界重視。《湯用彤全集》凡七冊，收錄湯用彤先生生平著述。

註十二：法舫法師（1904-1951）河北省石家莊井陘縣人，自幼父母雙亡。民國十年（1921），十八歲，依南嶽是岸長老出家，後投法源寺，依道階法師受具足戒。十一年赴武昌佛學院，親近太虛大師，為該院第一期學僧。曾先後任教於武昌佛學院、柏林教理院、漢藏教理院，三度主編「海潮音」。又主持世界佛學苑圖書館，襄佐太虛大師設立世界佛學院研究部，為其得力助手。三十二年（1943），與達居、白慧等人同赴印度留學，入國際大學修習梵文、巴利文與英文。三年後，轉往錫蘭，研究巴利文和各種佛教教理，為出家眾中精通英、日、梵、巴利等數種語文之傑出僧才。三十六年（1947）太虛大師示寂，繼任雪竇寺住持，並專事太虛大師全書之編纂刊行。著有《唯識史觀及其哲學》，譯有《南傳阿毘達摩攝義論》等書。

註十三：義淨（635-713）幼年出家，天性穎慧，遍訪名德，博覽群籍，年十五即仰慕法顯、玄奘之西遊，二十歲受具足戒。於咸亨二年（671）至印度往那爛陀寺勤學十年，歷遊三十餘國，返國時攜梵本經論四百部、舍利三百粒至洛陽，武后親至上東門外迎接，敕住佛授記寺。自聖曆二年（699）迄景雲二年（711），歷時十二年，譯出五十六部，共二三〇卷，其中以律部典籍居多，今所傳《有部毘奈耶》等之諸律大多出自其手。

佛學辭典

然燈佛（梵語Dipamkara），又作燃燈佛、普光佛、錠(ㄉㄧㄥˋ)光佛。為於過去世為釋迦牟尼授成道記前之佛。提和衛國有聖王，名燈盛，王臨命終時將國付託太子錠光。太子知世之無常，復授國於其弟，而出家為沙門，後成佛果。時有梵志儒童，值遇錠光佛之遊化，買花供佛，佛為儒童授來世成道之記，此儒童即後來之釋迦牟尼佛。

註十四：法月（653-743）東印度人，曾遊學中印度，通曉三藏和醫方，後至龜茲國教授真月等門人。開元十八年（730），師由於安西節度使呂休林之表薦，於二十年（732）抵長安。貢獻方術、醫方梵夾、藥草經書。

註十五：智慧輪，九世紀中葉來華之唐代密教僧，西域今新疆維吾爾人，住大興善寺，師事遍覺。唐宣宗大中年間（847-859），行大曼拏羅法，受灌頂，成為傳法阿闍梨。大中九年（855），為日本人唐僧圓珍傳授兩部大曼荼羅之秘旨及新譯持念經法，六年，日本宗睿入唐，又為其授法。

註十六：法成，吐蕃即西藏人，生於後藏達那（日喀(ㄎㄚ)則附近）吐蕃貴族管氏家族，世稱管法成。嘗住西藏果耶寺任吉祥天王（即吃口粟徠巴贍王）之翻譯官，封號「大蕃國大德三藏法師」。師將二十部漢文佛典翻傳為西藏語，對吐蕃及當時河西地區之佛教具有莫大貢獻。

註十七：施護，北印度烏填曩(ㄋㄤˇ)國人，世稱顯教大師。北宋太宗太平興國五年（980），與北印度迦濕彌羅國之天息災三藏同抵汴京（開封），駐錫於太平興國寺之譯經院（官立翻譯機構），致力於經典翻譯。共譯有經典凡一一五部二五五卷。

註十八：謂大般若波羅蜜多經六百卷，歷經四處十六會三十萬頌講說始告完成。略作四處十六會。四處，指王舍城之鷲峰山（靈鷲山）、舍衛國之給孤獨園（祇園精舍）、他化自在天宮、王舍城竹林精舍之白鷺池畔。十六會，又稱般若十六會、十六分。第一會，說於鷲峰山，有四百卷；第二會至第六會，亦說於鷲峰山，陸續說至第五七三卷；第七、八、九等會，則說於給孤獨園，自五七四卷說至五七七卷；第十會，說於他化自在天宮，僅說第五七八卷；第十一會至第十四會，則說於給孤獨園，自第五七九卷說至五九〇卷；第十五會，說於鷲峰山，乃說第五九一卷至五九二卷；第十六會，說於白鷺池畔，自第五九三卷說至六百卷。

佛學辭典

那爛陀寺，為古代中印度摩揭國首都王舍城北方之大寺院，歷代屢加擴建，成為古印度規模宏大之佛教寺院及佛教最高學府。全寺分八大院，我國留學僧如玄奘、義淨、荊州道琳、太州玄照、并州道生、洛陽智弘及新羅之慧業、阿離耶跋摩等人，皆曾來此就學。又當時由印度來華之波羅頗迦羅蜜多羅、地婆訶羅、善無畏、金剛智、般剌若等諸師亦曾修學於本寺。

伍、《般若心經》傳譯史實

西元	摘要
100年	《般若經》原型成立。
160年	《般若經》、《法華經》、《華嚴經》、《無量壽經》等初期大乘經典成立。
234年	印度僧龍樹（註一）著《中論》、《十二門論》、《大智度論》、《十住毘婆沙論》等。
401年	鳩摩羅什抵達長安（395、400、402）譯《仁王般若經》二卷、《金剛般若經》。
402年	鳩摩羅什譯《摩訶般若波羅蜜多大明咒經》。
404年	鳩摩羅什譯《大品般若經》三十卷、《百論》二卷。
450年	印度無著（註二）所撰《攝大乘論》、《金剛般若經論》、《顯揚聖教論》等經書。
509年	北印度高僧菩提流支譯《金剛般若經》、《法華經論》、《無量壽經論》。
512年	梁武帝即蕭衍，（464–549），南北朝時代，南梁開國皇帝，四次捨身出家，四十年無幸後宮，漢傳佛教的素食主義即以他為首，註譯《大品般若經》、《大般涅槃經》、《淨名經》、《三慧經》等諸經義記百卷。
	佛教的《梁皇寶懺》十卷是他編成的。
517年	唐釋慧令撰《般若抄經》十二卷。

西元	摘要
649年	唐朝玄奘譯《般若波羅蜜多心經》。
696年	唐朝西門寺圓測（註三）著《般若波羅蜜多心經贊》。
700年	唐朝義淨譯《佛說般若波羅蜜多心經》。
733年	唐朝法月譯《普遍智藏般若波羅蜜多心經》。
790年	唐朝般若共利言譯《般若波羅蜜多心經》。
806年	日本真言宗祖師空海大師（註四）著《般若心經秘鍵》。
842年	唐朝法成（註五）譯《般若波羅蜜多心經》。
850年	唐朝智慧輪（註六）譯《般若波羅蜜多心經》。
880年	唐朝悟達（註七）著《般若心經疏》。 唐朝靖邁（註八）著《般若心經疏》。 唐朝窺基撰《般若波羅蜜多心經幽贊》。
980年	宋朝施護（註九）譯《佛說帝釋般若波羅蜜多經》。
1022年	宋朝智圓（註十）著《般若心經疏》。
1326年	元代臨濟宗（註十一）僧人懷信（註十二）著《般若心經注》。
1590年	明代真可（註十三）著《般若心經說》。

西元	摘要
1603 年	明代真可著《般若心經注解》、《般若心經要論》、《般若心經直談》。
1650 年	明末清初智旭（註十四）著《般若心經釋要》。
1702 年	明末清初曹洞宗（註十五）僧為霖道霈著《般若心經請益說》。
1720 年	清代僧人續法（註十六）著《般若心經事觀解》。

附註

註一：龍樹，為印度大乘佛教中觀學派之創始人。又稱龍猛、龍勝。二、三世紀頃，為南印度婆羅門種姓出身。自幼穎悟，學四吠陀、天文、地理、圖緯祕藏，及諸道術等，無不通曉。出家後，廣習三藏，有大龍菩薩，見而民愍(ㄇㄧˇㄣ)之，遂引入龍宮，授以無量之大乘經典，師遂體得教理。師放棄婆羅門教信仰，大力弘法，廣造大乘經典之注釋書，樹立大乘教學之體系，使大乘般若性空學說，廣為傳布全印度。晚年住於南印度之黑峰山，門弟子有提婆等。師之著作極豐，造論之多，世所罕見，素有「千部論主」之美譽。後世基於師所著中論而宣揚空觀之學派，稱為中觀派，並尊師為中觀派之祖。此外，師又被尊為付法藏第十三祖，且於我國、日本，古來亦被尊為八宗之祖。

註二：無著，生於西元四、五世紀頃，為古代印度大乘佛教瑜伽行派創始人之一，又稱無障礙。北印度健馱（ㄊㄨㄛˊ）邏國普魯夏普拉人。父憍（ㄐㄧㄠ）尸迦，為國師婆羅門。師數往兜率天學《瑜伽師地論》等大乘之深義，並集眾宣說之。由是大乘瑜伽之法門傳至四方。師致力於法相大乘之宣揚，又撰論疏釋諸大乘經。

……………

佛學辭典

「佛陀」，意為覺者、知者。佛陀本指釋迦牟尼，後演為覺悟真理者之總稱。覺知三世一切諸法者，即自覺、覺他、覺行圓滿者。示現於人類歷史上之佛陀，唯有釋迦牟尼。「佛祖」，佛與祖師。然禪宗以佛即祖師，祖師即古佛，兩者並無差別；一般多用於指大悟徹底、達佛分際之祖師。

註三：圓測（613-696），唐代法相宗僧，新羅，即朝鮮王族出身。十五歲遊學我國，歷事京師法常、僧辯等，博通毘曇、成實、俱舍、毘婆娑等論。貞觀年間，敕住京邑西明寺，世稱西明圓測。後值玄奘歸返，開設譯場，奉旨參與其事，與窺基（慈恩大師）、普光並肩齊轡（ㄆㄟˋ），競芳一時。武后禮之為師，信崇逾恒，新羅遣使請歸，武后不允。歷參日照、提雲之譯事，任證義。

……………

佛學辭典

忍辱仙，為釋迦佛於因位修菩薩道時之名。過去久遠劫時，印度波羅捺國迦梨王在位，有仙人羼（ㄔㄢˋ）提波梨與五百弟子居住山林，修忍辱行。王因女色之故，截斷仙人手足、耳鼻等，仙人忍之，並謂成佛後將以慧刀斷王之貪、瞋、癡三毒，王遂懺悔而供養之。彼時之仙人即為釋尊之前身，王及其四大臣則為後時之憍（ㄐㄧㄠ）陳那等五比丘。

註四：空海（774-835）日本真言宗開山祖。讚岐，即香川縣人。十五歲至京都研習儒學，後入大學明經科，逐漸接觸佛教。延曆十四年（795），在東大寺戒壇院受具足戒，改名空海。二十三年來唐，於青龍寺受傳法阿闍梨位灌頂，密號遍照金剛，成為最早受習真言教學之日本人。日本大同元年（806）歸返本國，在京都久米寺，為日本兩部灌頂之嚆(ㄏㄠ)矢。弘仁九年，賜師「傳燈大法師」之號，任內供奉十禪師之職。十四年，東寺之堂舍結構、佛像造形、年中行事、僧眾威儀等，悉倣唐朝青龍寺之風貌。天長五年（828），創建綜藝種智院，教授道俗弟子諸學，確立密宗教學，被尊為諡號「弘法大師」，時人則多稱「高野大師」。對社會教化之功可謂既廣且深。

註五：法成，吐蕃（西藏）人，生於後藏達那，日喀(ㄎㄚ)則附近，吐蕃貴族管氏家族，世稱管法成。嘗住西藏果耶寺，任吉祥天王之翻譯官，封號「大蕃國大德三藏法師」。師將二十部漢文佛典翻傳為西藏語，對吐蕃與當時河西地區之佛教具有莫大貢獻。太和七年（833），於沙州（甘肅敦煌）永康寺著有《四法經廣釋開決記》。會昌二年（842），師住甘州（甘肅張掖(ㄧㄝˋ)）修多寺，漢譯諸經文並講說經論。

註六：智慧輪，生卒年不詳。九世紀中葉來華之唐代密教僧。西域（今新疆維吾爾）人，住大興寺，師事遍覺。唐大中年間（847-859），行大曼拏羅法，受灌頂，成為傳法阿闍梨。大中九年（855），為日本人唐僧圓珍傳授兩部大曼荼羅之秘旨與新譯持念經法。六年，日本宗睿入唐，又為其授法，傳付最上乘瑜伽秘密三摩地修本尊悉地建立曼荼羅儀軌一卷等。十二年，為迎法門寺真身舍利，造金函、銀函各一。

佛學辭典

彌勒（梵語Maitreya），出生於婆羅門家庭，後為佛弟子，先佛入滅，以菩薩身為天人說法，住於兜（ㄉㄡˇ）率天。由初發心不食肉，以為因緣而名為慈氏。慈氏菩薩係以佛四無量中之慈為首，此慈從如來種姓中生，能令一切世間不斷佛種，故稱為慈氏。釋尊曾預言授記，當其壽四千歲（約人間五十七億六千萬年）盡時，將下生此世，於龍華樹下成佛，分三會說法。至彼時已得佛格，故亦稱彌勒佛、彌勒如來。

註七：悟達（811-883），幼即喜見佛像僧形。七歲至寧夷寺聽法泰講《涅槃經》，是夜夢該寺殿之佛以手摩其頂。十一歲隨法泰出家，研習《涅槃經》。兩年後，於蜀地大慈寺，奉丞相之命升堂說法，聽者日計萬餘，莫不駭歎其慧，皆尊師為陳菩薩（俗姓陳，法名知玄）。後從辯貞律師受具足戒，復隨安國信法師學唯識，自研經籍百家之說。至宣宗（859）立，詔師於大內講經，並賜紫袈裟，署為三教首座。後乞歸故寺，居彭州丹景山。僖宗（875）幸蜀時，賜號「悟達國師」。

註八：靖邁，志操高潔，深覈經論，氣性沈厚，不妄交結。貞觀年中（627-649），玄奘自印度歸來，奉敕為太穆太后於京中造弘福寺，並展開翻譯工作，復召十一位諳練大小乘經論而為世所尊尚者，任證義大德之職，師居其一。乃居慈恩寺，與普光寺棲玄、弘福寺明濬(ㄐㄧˋㄣ)、會昌寺辯機、終南山豐德寺道宣等人共同執筆綴文，譯出《本事經》七卷。又與神昉(ㄈˇㄢ)於玉華宮、慈恩寺任筆受。

註九：施護，北印度烏填曩國人，世稱顯教大師。北宋太宗太平興國五年（980），與北印度迦濕彌羅國之天息災三藏同抵汴(ㄅㄧˋㄢ)京（開封），駐錫於太平興國寺之譯經院（官立翻譯機構），致力於經典翻譯。共譯有經典凡一一五部二五五卷。

佛學辭典

具足戒，此乃比丘、比丘尼所守之戒，分別稱為比丘戒，即作苾芻律儀、比丘尼戒，即作苾芻(ㄅˋ ㄧ　ㄔˊ ㄨˊ)尼律儀，係守出家教團所定之一切戒條。戒條之數目、內容，男女各異。此意原意指親近世尊之足下（座下）或參加教團。其後更演變為指受比丘戒、比丘尼戒，意為完全圓滿戒。此乃相對於五戒、十戒等不完全戒而言。

註十：智圓（976-1022），為天台宗山外派大師。八歲於錢塘龍興寺出家，初習儒學，能詩文，後依奉先寺源清習天台教觀。源清示寂後，師離群索居，研考經論，探索義觀，並與同門慶昭、晤恩等闡述山外派學說，和山家派代表四明知禮展開論辯。師又通周、孔、荀、孟、揚雄、王通之書，常謂以儒修身，以釋治心，欲調合儒、釋、道三教。師隱居孤山，世稱孤山智圓。徽宗崇寧三年（1104），敕諡「法慧大師」。

……………

佛學辭典

阿閦（ㄔㄨˋ）佛（梵語Aksobhya），為佛教五方佛之中的東方佛。大目如來為諸菩薩說六度無極之行，其時有一菩薩，於聞法後發無上正直道意，發願斷瞋恚、斷淫欲，乃至成最正覺，大目如來歡喜而賜號阿閦。阿閦菩薩遂於東方阿比羅提世界成佛，現今仍於彼土說法。

註十一：臨濟宗，以唐代臨濟義玄（？-867）為宗祖，禪宗五家七宗之一，日本十三宗之一。唐宣宗大中八年（854）住鎮州臨濟院，設三玄三要、四料簡等禪法接化徒眾，以機鋒峭峻(ㄑㄧㄠˋ ㄐㄩㄣˋ)著稱當世，遂成臨濟宗。中唐以後，此宗門風興隆，蔚成一大宗派。本宗即以禪風自由，至清代而成為我國禪宗之主流。

註十二：懷信（1280-1357）元代臨濟宗僧。十五歲依法華院子思出家，受具足戒於五臺山，為天童山竺西妙坦之法嗣，並從雲外雲岫(ㄒㄧˋㄡ)研習藏經。泰定三年（1326），任明州觀音寺住持，未久移普陀寺，常持一鉢行乞於吳楚之間，鎮南王、宣讓王皆問道於師，並皈依之，受賜「廣慧妙悟智寶弘教禪師」號。

註十三：真可法名達觀（1543－1603）明代僧，號紫柏老人。性雄猛，狀魁偉，少好遊俠。年十七，投虎邱明覺剃髮。二十受具足戒，入武塘景德寺閉關三載，期滿遊方，偶於五臺參一老宿得悟，由是凌轢(ㄌㄨˋㄛ)諸方，人多敬憚(ㄉㄢˋ)。萬曆元年（1573）至京師，依偏融九載，融為折服。後與德清相會，成為至交。主張釋、道、儒三教一致。二十八年，朝廷榷礦稅（明萬曆中設礦監、稅監，多任宦官，所至肆虐，吸髓飲血，民不聊生），宦者乘機四出擾民，師遂杖策入京，思有以解之。未久妖書事發，震動中外，忌者乘機陷害，萬曆三十一年（1603），師遂蒙冤下獄，法司定罪處死，師神色自若，偈曰：「一笑由來別有因，那知大塊不容塵；從茲收拾孃（ㄋㄧˇㄤ）生足，鐵橛（ㄐㄩˊㄝ）花開不待春。」端坐而逝。嘗與密藏協力創刻方冊藏經。，越十一年，葬於徑山。

……………

佛學辭典

荷擔，荷，置物於背；擔，置物於肩。與「荷負」、「荷法」同義，皆謂護持佛教大法，擔負佛法相續之責。

註十四：智旭（1599-1655）明代僧，號八不道人。少習儒學，以衛道為職事，曾撰闢佛論數十篇。二十歲時誦《地藏菩薩本願經》，發出世之志。二十四歲從憨山弟子雪嶺剃度，改名智旭。二十六歲受菩薩戒，翌年遍閱律藏。師為人嚴峻精到，厭棄名利，固持戒品，弘揚律藏，生平以閱藏著述為業。其思想之總結為禪、教、律三學攝歸一念。清代以後，形成「融合禪、教、律而歸入淨土」之靈峰派，延續至今。

註十五：曹洞宗，以洞山良价(ㄐㄧㄚˋ)（807-869）為宗祖。日本希玄道元嘗來我國天童山就如淨受法，向日本傳入曹洞宗，是即該國曹洞宗之初傳，以永平寺為本山，門下學徒常逾千人。本宗宗風在以坐禪辦道勤開向上一路，以探究學者心地為接機之法，即所謂「曹洞用敲唱」，師家應學人之敲而唱之，其間不容毫髮。為霖道霈(ㄆㄟˋ)（1615-1702），明末清初曹洞宗僧。十四歲入白雲寺出家，研學經教。侍永覺元賢數年，又往天童山參學於密雲圓悟而徹悟。旋赴百丈山結庵修淨業五年。後移居鼓山二十餘年，皈依者甚眾。著述宏富。

註十六：續法（1641-1728）又名成法，是清代江南專弘華嚴教學的第一人。九歲從學於杭州天竺山慈雲寺明源，十九歲受具足戒，二十歲習講經，歷時七年，受明源付囑，為雲棲袾宏五世之法孫。師遍研諸經，融會眾說，不拘泥一端，後每講說，四眾雲集，盛極一時，傳法弟子二十餘人。

佛學辭典

「菩提」(梵語bodhi)，乃斷絕世間煩惱而成就涅槃之智慧。即佛、緣覺、聲聞各於其果所得之覺智。此三種菩提中，以佛之菩薩為無上究竟，故稱阿耨多羅三藐三菩提，意譯作無上正等正覺。有關佛之菩提，有五種：(1)發心菩提(2)伏心菩提(3)明心菩提(4)出到菩提(5)無上菩提。又求無上菩提之大乘修行者，稱作菩提薩埵，略稱菩薩。求無上菩提之心，稱作無上菩提心。「菩提心」，全稱阿耨多羅三藐三菩提心。為一切諸佛之種子，淨法長養之良田，若發起此心勤行精進，當得速成無上菩提。故知菩提心乃一切正願之始、菩提之根本、大悲及菩薩學之所依；大乘菩薩最初必須發起大心，稱為發菩提心，而最初之發心，稱初發心。求往生淨土者，亦須發菩提心。

第二篇 《般若心經》的禪解

壹、《般若心經》的組織架構

總綱分 總的攝持心經主要含義↓觀自在菩薩，行深般若波羅蜜多時，照見五蘊皆空，度一切苦厄。（四句）

色空分（人類觀） 說明五蘊諸法與真如空性，無二無別↓舍利子！色不異空，空不異色；色即是空，空即是色；受、想、行、識，亦復如是。（七句）

本體分（宇宙觀）說明宇宙「空」的概念，並闡述五蘊、十二處以及十八界，都是「無相」↓舍利子！是諸法空相，不生不滅，不垢不淨，不增不減。是故空中無色，無受、想、行、識（五蘊）。無眼、耳、鼻、舌、身、意；無色、聲、香、味、觸、法（十二處）；無眼界，乃至無意識界（十八界）。（十一句）

妙用分（三世因果論）闡明依諸法空相，破除一切執見↓無無明，亦無無明盡，乃至無老死，亦無老死盡。無苦、集、滅、道。無智亦無得。（六句）

果德分（菩薩的境界）通過明體、起用、空相而證明解脫之果德↓以無所得故，菩提薩埵，依般若波羅蜜多故，心無罣礙；無罣礙故，無有恐怖，遠離顛倒夢想，究竟涅槃。（八句）

證知分（佛陀的境界）敘述由證果而得無上菩提、涅槃↓三世

諸佛，依般若波羅蜜多故，得阿耨多羅三藐三菩提。（三句）

秘密分 以密咒表達不可思議的心地→故知般若波羅蜜多，是大神咒，是大明咒，是無上咒，是無等等咒；能除一切苦，真實不虛。故說般若波羅蜜多咒，即說咒曰：揭諦，揭諦，波羅揭諦，波羅僧揭諦，菩提薩婆訶。（十四句）

……………

佛學辭典

「無相」，無形相之意，為「有相」之對稱。此即謂一切諸法無自性，本性為空，無形相可得，故稱為無相。無相有淺略、深祕二義：⑴諸法之體性，如幻虛假，自性為空，一相不存，無色無形，此為淺略之無相。⑵一相之中雖具一切相，然不留一相；此非為無色無形之無相，乃係具一切之相而無一相之義，故為深祕之無相。前者表示顯教遮情之意，後者為真言表德之義。

貳、《般若心經》的核心要旨

《心經》說的道理全是人的問題，是為「人」而講的。佛法是對人說的，先得到人的身體，才有機會聽到佛法，懂得佛法，並且充分地修行佛法。《心經》中所說的五蘊、十二因緣、十八界，全都是「人」才有此條件；人以外的其他眾生不具備五蘊、十二因緣及十八界那麼多的條件。

《心經》所講的三世十二因緣（註一），就是以十二個階段，說明人類生命從過去世到現在世，再從現在世銜接到未來世的連續現象。人類的生命即如此再生再死地一再循環不已，此乃所謂人的生命三世循環。佛教徒的人生觀，應該是珍惜生命、積極生活的菩薩行。《心經》的智慧即是教我們實踐積極的人生觀，而又能超越於自我為中心的自私自利。

「般若」，本來唸「ㄅㄢ ㄖㄨˋㄛ」，但是在《心經》要唸「ㄅㄛ ㄖˇㄜ」，這是印度的梵音翻譯過來的。般若，就是智慧，但是不翻為智慧，這是譯經的規矩，在五種不翻裡面，屬於生善不翻，這是玄奘大師所訂五種不翻規矩：

一、秘密不翻

如陀羅尼大悲咒（註二）、往生咒、楞嚴咒等，因真言咒語不需瞭解，只要按音聲受持，就有不可思議的感應，若翻譯過來，反而起分別心，使感應的效果遞減。

二、含多義不翻

印度的梵文名詞，裡面所含的義理較多，故不翻。如薄伽梵，含六種義理，在中文裡，沒有適當的名詞可翻譯。又如佛陀耶，中國話叫覺者，

但不翻為覺者，因它含有自覺、覺他、覺行圓滿之意，覺者不能涵蓋三覺之意，故仍保留佛陀耶梵音。

三、此方無不翻

如印度閻浮樹，在中國沒有這種樹，只有保留梵音。

四、順古不翻

如阿耨多羅三藐三菩提，此句名相從漢明帝劉莊（28-75，東漢第二位皇帝，在位十八年，十歲通讀《春秋》）時，印度迦葉摩騰、竺法蘭（註三）兩位高僧，到中國翻譯《四十二章經》時就不翻；鳩摩羅什法師在他所譯的經，也不翻此句，玄奘大師也順古例不翻。

……………

佛學辭典

「法相」，諸法所具本質之相狀（體相），或指其意義內容（義相）。唯識宗之特質在於分析或分類說明法相，故又稱法相宗。「法性」，指諸法之真實體性。亦即宇宙一切現象所具有之真實不變之本性。法性乃萬法之本，故又作法本。

五、生善不翻

如般若，可譯為智慧，為什麼不翻，因世間學問，也有智慧這個名詞，一般社會上所謂聰明智慧，是世智辯聰，和般若智慧是兩回事，為令眾生生起善法，所以不翻譯。

能觀照的是般若智慧，所觀照的是實相理體。能觀照的智慧，叫觀照般若；所觀照的理體，叫實相般若，能觀照的智慧與所觀照的理體，完全合而為一時，即究竟成佛。能觀照的智慧與所觀照的理體，尚未完全合一時，還沒成佛，稱為菩薩。

波羅蜜多，是梵語 **pāramitā**，意即到彼岸，眾生在流轉生死，等於在苦海的此岸，超過煩惱苦海，證得涅槃，成了佛，就到彼岸，所以般若波羅蜜多，合起來解釋，就是智慧到彼岸。心字是比喻，如人的心臟。世尊（**註四**）說法四十九年，《般若經》說了二十二年，玄奘大師全部翻譯過來，是六百卷《大般若經》，有二十萬個偈頌（**註五**），是最大的一部佛經。《心經》共二六〇字，是二十萬個偈頌的經心，等於人體的五臟六腑，以心臟為主一樣。能把《心經》研究透徹，六百卷《大般若經》的要義就懂啦。經字，梵語修多羅，華言契經，契者合也，「上契諸佛之理，下契眾生之機」。把全部經題合起來解釋，般若波羅蜜多是法，心，是喻，叫法喻立題。般若波羅蜜多心，是別題，別於其他經。經，是通題，通於一切經；經者，經是路，修行要照著正確的路去走。四祖道信（580-651，隋唐高僧，佛教禪宗四祖，坐化後唐代宗賜尊號「大醫禪師」）說：「非心不問佛，非佛不問心」。心和佛一而不二，即心即佛，你沒有心，怎麼知道問佛呢？如果不是佛，你怎麼知道來問心呢？可見得心中有佛，佛就是心，心佛不二。心為萬法之始，眾義之宗，《大般若經》的畢竟空與《心經》的諸法空相亦皆以真心為根源。《心經》的目的就是要讓世人捨妄求真，向自身本有的內心探求，令般若智慧萌芽，進而開花結果，覺悟無上正等正覺（註六）。

「**空**」是大乘佛教的核心觀念，《心經》開宗明義用一百二十八個字提出六段文字來表達「**空**」的意義和層次：

(1)觀自在菩薩，行深般若波羅蜜多時，照見五蘊皆**空**，度一切苦厄。
↓我**空**（註七）（去除我執）——一切皆空

(2)色不異**空**，**空**不異色；色即是**空**，空即是色；受、想、行、識，亦復如是。
↓我**空**（去除我執）——一切皆空

(3)是諸法空相，不生不滅，不垢不淨，不增不減。
↓認識空明本性——一切皆空

(4)是故**空**中無色，無受、想、行、識。無眼、耳、鼻、舌、身、意；無色、聲、香、味、觸、法；無眼界，乃至無意識界。
↓我**空**（去除我執）——一切皆空

(5)無無明，亦無無明盡，乃至無老死，亦無老死盡。無苦、集、滅、道。
↓法空（註八）（去除法執）——一切皆空

(6)無智亦無得。
↓完整的空性認識——一切皆空

這六段經文以組織嚴謹的邏輯鋪成，從「照見五蘊皆空，度一切苦厄」開始，直至「無智亦無得」達到最完整的空性認識，循序漸進地提出了三種層次的空性理解，分別是(1)我空：即去除我執，認為一切事物都依賴於一定的因緣或條件才能存在，本身沒有任何質的規定性。(2)法空：即去除法執，並非虛無，它是一種不可描述的實在（存在），稱為「妙有」，這主要是大乘（註九）中觀派（又稱空宗，由龍樹（150-250）、提婆（200-250）奠基，與瑜伽行唯識學派（有宗）和如來藏學派（法性宗）並列）闡明的觀點。(3)一切法皆空：即去除所有概念名相的執著，特別是最後一句「無智亦無得」，雖無「空」字，卻闡述出空性體驗的終極境界。

……………

佛學辭典

「四句偈」：「一切有為法，如夢幻泡影，如露亦如電，應作如是觀」。佛陀四十九年說法當中，這四句偈就是精髓所在。世間上的一切有為法相都是暫時不長久的因緣假合的。種種的動心起念要如何讓它清淨，佛陀說要「應無所住而生其心」，又說：「過去心不可得，現在心不可得，未來心不可得」。

至於《心經》是「經」或是「咒」的問題，「經」重義理，「咒」重音韻，兩者在概念與功能上截然不同。在沙漠危難之中的玄奘持誦《心經》，是為了體悟空性還是持咒除厄呢？《心經》真能「度一切苦厄」嗎？許多經文經常出現「大神咒」、「大明咒」、「無上咒」等字眼，但真正的咒語卻很少出現於經文中。但是，不論略本或廣本的《心經》，最後皆附有咒語，因此，有人提出《心經》是「咒」的不同看法。《心經》究竟是「經」或是「咒」？可由「顯」與「密」兩種層面來探討。就「顯」的層面來說，由「觀自在菩薩」到「三世諸佛，依般若波羅蜜多故，得阿耨多羅三藐三菩提」為止，都是指導閱讀者了解空性與體悟空性的知識基礎。而由「故知般若波羅蜜多，是大神咒，是大明咒，是無上咒，是無等等咒」之後，轉入「密」的層面，一連串咒語：「揭諦，揭諦，波羅揭諦，波羅僧揭諦，菩提薩婆訶」。

翻譯咒語雖可譯出其內含的意義，但有時譯語無法完全表達，因此，常音譯而不意譯。這些咒是具有特殊靈力的秘密語，若一心持誦咒語，能使精神專一，作為引發智慧的方便；此外，密教認為咒語超越文字語言，能協助修行者體悟空性。故《心經》可說既有大乘佛教般若思想的精要，也有密教經典重視的持咒力量。

大乘佛教最基本的思想即是空義，「空」是用來表達「非實」、「非有」、「非存在」的一個概念。釋迦牟尼曾說過，空的道理，是令眾生破迷啟悟、轉凡入聖的癥結所在。根據佛教的緣起論，世間一切現象都是各種因緣聚合而成的幻象，因緣而生，因緣而滅，都不是實有的、固定的、常態的，而是虛幻的、流動的、變態的。由於各種因緣條件瞬間變化，這些虛象也隨之發生變化，並沒有一個真正存在的實體。我們不懂「空」性的道理，以為一切萬物都是實有的，以致對一切世間諸法產生一種執著心。就因執著而產生煩惱，陷入生死輪迴之苦。釋迦牟尼最先悟證成佛，以大慈大悲之心，廣說諸法空性之理，教化眾生明白一切法皆以無性為自性，這就是佛教的理論基礎。「空」能夠破除眾生對諸法的執著，當無所執時，眾生的自性就會無拘無束、無惑無動、自由自在。《心經》的目的是否僅為了讓世人認識到「一切皆空」的道理？答案是否定的，「一切皆空」

只是修行過程中，所應達到的較淺層次的認識，有了這種認識，才能擺脫由於執著而產生的愛憎取捨所帶來的煩惱，達到「自在」的精神狀態。

總之，《心經》的內容是在說明人生的根源出自無明，生命的目的是為了成佛，生活的態度是要達到心無罣礙。因為有無明的煩惱，故而生死不已。如果無明盡，那就能成就阿耨多羅三藐三菩提，也就是成佛。而欲成佛，就要在日常生活中做到心無罣礙。

……………

佛學辭典

三轉法輪：(1)根本法輪—為大菩薩直接宣示悟境之根本教說。華嚴經所說一因一果之一乘教屬之。(2)枝末法輪—為尚不能理解佛法之薄福鈍根者。此由根本之一乘教分化而來，故稱枝末。(3)攝末歸本法輪—將枝末之三乘教法，歸結於根本之一乘教，此即法華經之教說。

附註

註一：所謂「三世」，指一個人現在生存之現世、出生以前生存之前世及命終以後生存之來世。至於由過去之業因，所招感之現在果報，此種三世因果應報之理，即稱三世因果；而出現於三世之佛，則稱三世諸佛。「十二因緣」，即十二種因緣生起之意，構成有情生存之十二條件亦即十二有支。一切事物皆具有相依性，皆由因、緣所成立，故說無常、苦、無我。「因緣」，因，指引生結果之直接內在原

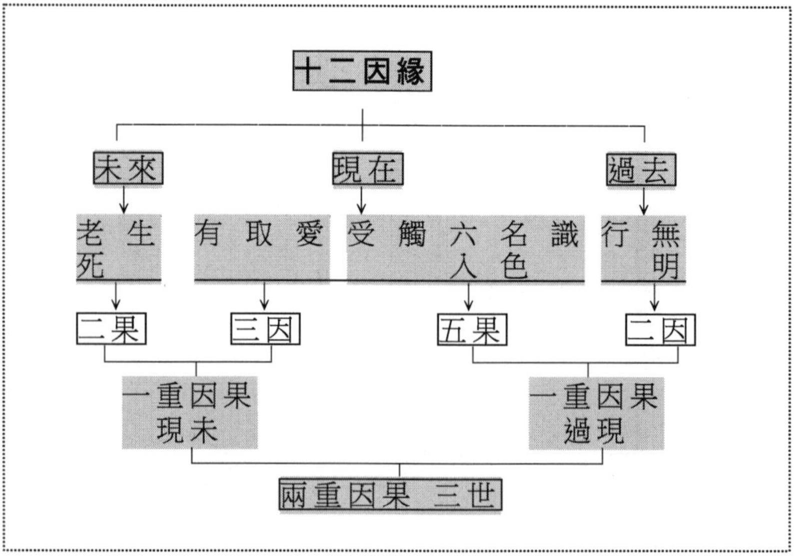

因；緣，指由外來相助之間接原因。一切萬有皆由因緣和合而假生，無有自性，此即「因緣即空」之理。若以煩惱為因，以業為緣，能招感迷界之果；以智為因，以定為緣，則能招感悟界之果。

註二：「陀羅尼」，意譯總持、能持、能遮。即能總攝憶持無量佛法而不忘失之念慧力。換言之，陀羅尼為一種記憶術。由記憶一法一文一義，而能聯想一切之法，總持無量佛法而不散失。能持各種善法，能遮除各種惡法。及至後世，因陀羅尼之形式，類同誦咒，後人將其與咒混同，遂統稱咒為陀羅尼。「大悲咒」即說示千手千眼觀世音菩薩內證功德之根本咒。據唐代伽梵達磨（唐代譯聖僧，七世紀西印度人，永徽、顯慶年間來華）所譯之千手千眼觀世音菩薩廣大圓滿無礙大悲心陀羅尼經所載，此咒全文計有八十四句，誦此咒能得十五種善生，不受十五種惡死。若誦此咒一百零八遍者，一切煩惱罪障，乃至五逆等重罪，悉皆消弭，而得身口意之清淨。

註三：迦葉摩騰（？-73），中國佛教之初傳入者，中印度人，略稱摩騰。後漢永平十年（67），應明帝之請，與竺法蘭（天竺學者之師）攜經卷與佛像至洛陽，住於明帝為其所建之白馬寺，兩人合譯《四十二章經》，為我國譯經之濫觴，亦為東土有佛法之始。

……………

佛學辭典

「七寶」，即七種珍寶。總稱轉輪聖王所擁有之七種寶，即輪寶、象寶、馬寶、珠寶、女寶、居士寶（又稱主藏寶）與主兵臣寶（將軍）。「轉輪聖王」，意即旋轉輪寶（相當於戰車）之王。王擁有七寶，具足四德（長壽、無疾病、容貌出色、寶藏豐富），統一須彌四洲，以正法御世，其國土豐饒，人民和樂。轉輪聖王出現之說盛行於佛陀時代，如來為法輪王、阿育王為軍（鐵）輪王。

註四：世尊，如來十號之一，即為世間所尊重者之意，亦指世界中之最尊者。梵語中被譯作「世尊」者甚多，但諸經論中以使用 **Bhagavān** 之情形為最多，意譯作「世尊」之外，亦直譯作有德、有名聲。即「富有眾德、眾祐、威德、名聲、尊貴者」之意。自古以來之譯者多以其為意譯，我國即為一例。在印度，若於佛教，則特為佛陀之尊稱。

……………

佛學辭典

阿那含，乃聲聞四果中第三果之聖者。彼等已斷盡欲界九品之惑，不再還來欲界受生。此階位之聖者中，若九品之惑全部斷盡，則稱阿那含果；若斷除七品或八品，則稱阿那含向；若斷除七、八品，而所餘之一、二品尚須對治成無漏之根，更須一度受生至欲界，稱為一間。

註五：「偈(ㄐㄧˋ)」有廣狹二義，廣義之偈，包括十二部教中之伽陀與祇夜，兩者均為偈頌之體，然兩者之意義互異：偈前無散文（長行），而直接以韻文記錄之教說，稱為孤起偈，即伽陀；偈前有散文，而尚以韻文重複其義者，稱為重頌偈，即祇夜。狹義之偈，意譯諷誦、偈頌、造頌、孤起頌、不重頌偈、頌、歌謠。為九部教之一，十二部經之一。此文體之語句，則稱偈語。漢譯經典中，多處提及偈頌。又佛教之詩文稱為偈頌；偈即作詩，頌為作文之意。「偈頌」或「偈語」，是指婆羅門教、佛教等印度諸宗教使用的唱頌詞或唱誦詞。

……………

佛學辭典

娑(ㄙㄨㄛ)婆世界，即佛教將我們人類所居住的「大千世界」稱作「娑婆世界」。這幾位佛菩薩與這片「娑婆世界」的土地有情，因緣甚深，因此，佛教將釋迦牟尼佛、觀世音菩薩與地藏王菩薩合稱為「娑婆三聖」。

註六：無上正等正覺，音譯為阿耨多羅三藐三菩提，義爲「至高無上的平等的覺悟」。是指佛教修行上的最高覺悟、最高涅槃境界，證得者即等同於成佛。其中的正覺、正等正覺及三藐三菩提的含義等同。

……………

佛學辭典

須彌山，在大海中，為世界的中心，山的四面有四洲，外有七重山、七重海，層層圍繞；最外圍有鐵圍山，為一世界（橫）的邊緣。須彌山深入大海，海拔非常高；山中間，四方有四嶽，即四大王眾天的住處；有日與月，在山腰中圍繞。須彌山頂由帝釋天與四方各八輔臣共治，故名「忉(ㄉㄠ)利天（三十三天）」。以科學角度而言，須彌山即是北極，四大洲即地球上的大陸，閻浮提限於亞洲一帶。

註七：有情（生者）不外是由五取蘊，即構成凡夫生存的物心兩面之五要素，假和合而成，別無真實之生命主體可言，稱為人無我，又稱「我空」。

註八：一切萬法皆依因緣（各種條件）而生（假成立者），其存在本來即無獨自、固有之本性（自性）可言，稱為法無我，又稱「法空」。

註九：大乘，意指大的交通工具。不以個人之覺悟（如小乘行者）為滿足，而以救度眾生為目的，一如巨大之交通工具可載乘眾人，故稱為大乘。以此為宗旨之佛教，即是大乘佛教。中國與日本之宗派大都屬於大乘佛教。

……………

佛學辭典

三藏十二部，「三藏」指經藏、律藏、論藏。係印度佛教聖典之三種分類。藏，「攝」之義，即總攝一切所應知之意。「十二部經」，乃佛陀所說法，依其敘述形式與內容分成之十二種類：契經、應頌、記別、諷頌、自說、因緣、譬喻、本事、本生、方廣、希法、論議。此十二部，大小乘共通。

參、《般若心經》關鍵字

• 般若

意譯為慧、智慧、明、黠(ㄒㄧㄚˊ)慧。即修習八正道、諸波羅蜜等，而顯現之真實智慧。明見一切事物與道理之高深智慧，即稱般若。菩薩為達彼岸，必修六種行，亦即修六波羅蜜。其中之般若波羅蜜（智慧波羅蜜），即稱為「諸佛之母」，成為其他五波羅蜜之根據，而居於最重要之地位。

以種類而言，般若有二種、三種、五種之別。二種般若有如下之三者：(1)共般若和不共般若。共般若，即為聲聞、緣覺、菩薩共通而說之般若；不共般若，則僅為菩薩所說之般若。(2)實相般若與觀照般若。實相般若，即以般若智慧所觀照一切對境之真實絕對者；此雖非般若，但可起般若之根源，故稱般若；觀照般若，即能觀照一切法真實絕對實相之智慧。(3)世間般若與出世間般若。世間般若，即世俗的、相對的般若；出世間般若，即超世俗的、絕對的般若。又實相般若與觀照般若，若加上方便般若或文字般若，則稱三般若。方便般若係以推理判斷，了解諸法差別之相對智；文字般若係包含實相、觀照般若之般若諸經典。又實相、觀照、文字三般若加境界般若（般若智慧之對象的一切客觀諸法）、眷屬般若（隨伴般若以助六波羅蜜之諸種修行），則稱五種般若。

•波羅蜜

又作波羅蜜多，即自生死迷界之此岸而至涅槃解脫之彼岸。通常指菩薩之修行而言，菩薩之大行能究竟一切自行化他之事，故稱事究竟；乘此大行能由生死之此岸到達涅槃之彼岸，故稱到彼岸；此大行能度諸法之廣遠，故稱度無極。梵語，有到達彼岸、終了、圓滿等義；巴利語，則有最上的、終極的等義。據《彌勒菩薩所問經》卷八載，波羅蜜通於已到、當到之義，即佛為已到彼岸，菩薩為當到彼岸。

依諸經論而有六波羅蜜，又作六度，為諸部般若經之說。指大乘菩薩所必須實踐之六種修行：⑴布施波羅蜜，謂全然施惠。⑵持戒波羅蜜，謂全然持守教團之戒律。⑶忍辱波羅蜜，謂全然忍耐之意。⑷精進波羅蜜，謂全然努力之意。⑸禪定波羅蜜，謂心全然處於一境。⑹智慧波羅蜜，又作般若波羅蜜，謂圓滿之智慧，係超越人類理性之無分別之智慧；依此則能行布施而完成布施波羅蜜，乃至修禪定而完成禪定波羅蜜，故為其他五波羅蜜之根本，而稱諸佛之母。

•心

音譯作質多，又作心法、心事。指執取具有思量（緣慮）之作用者。⑴指心王和心所法之總稱。係相對於色（物質）、身（肉體）而言。相當於五蘊中之受、想、行、識等四蘊。⑵指心王，屬五位之一，相當於五蘊中之識蘊。指統一心之主體——六識或八識而言。(3)對心、意、識三者，小乘有部等主張三者為同物之異名，然在大乘唯識宗，「心」則指第八阿賴耶識（註一），含有積集之義，乃諸法產生之根本體，故亦稱集起心，即阿賴耶識蓄積種子而能生起現行之意。對此，前六識稱為「識」，即了別、認識作用；第七末那識稱為「意」，即思惟作用。將心之主體與從屬作用分開時，前者稱心王，後者稱為心所。上記之六識或八識即為心王，心所乃指隨之而生起者，亦即細微之精神作用。佛教對於心與物之存在，乃主張心與物為相輔相成之關係，不論任何一方皆不能單獨存在，故佛教既非唯心論，亦非唯物論，而係一種空無自性論，稱為色心不二。然自實踐之方法而言，則佛教特別強調心之主體性，故每被視為唯心論。

人有好多種心：肉團心、緣慮心、精要心及堅實心。

(1)肉團心：略稱肉心。即凡夫肉身五臟中之心臟，乃意根之所託，由八瓣肉葉組成。阿賴耶識初受生時，其託處即為肉心；若「識」捨離肉心，人身即亡。於密宗，由此肉團心觀八葉之蓮華，以成毘盧遮那身，故將肉團心解為眾生之自性真實心。

(2)緣慮心：又作慮知心，即攀緣境界、思慮事物之心，指眼、耳乃至阿賴耶等八種之心識。本質是一種妄想，是不實在的分別計量，心常分別而不安。

(3)精要心：是指能積聚諸經中所有的核心要義，如《般若心經》積聚大般若六百卷之精要；也是一種有規律的見解和正見，有正見的認識。

(4)堅實心：就是具有正見、能見到真理、能見到般若的心──也稱「真心」，也就是如同金剛般堅固的心。《般若心經》所指的「心」，不是草木心、肉團心、緣慮心、精要心，而是堅實心，即是「真心」；是以真心為中心，是整個佛法的心要。

•五蘊

又作五陰、五眾、五聚，三科之一。蘊，音譯作塞健陀，乃積聚、類別之意。即類聚一切有為法之五種類別：(1)色蘊，即一切色法之類聚。⑵受蘊，苦、樂、捨、眼觸等所生之諸受。⑶想蘊，眼觸等所生之諸想。⑷行蘊，除色、受、想、識外之一切有為法，亦即意志與心之作用。⑸識蘊，即眼識等諸識之各類聚。

小乘多數派別由對五蘊之分析，得出「人無我」之結論，主張「人我」為五蘊之暫時和合，唯有假名，而無實體。大乘學說不僅否認五蘊和合體（人我）之真實性，亦否認五蘊本身之真實性，進而發展「法無我」之理論。《楞嚴經》（註二）所講述的修行過程，也就是五蘊境界依序盡除，「生因識有，滅從色除」的次第順序。

•空

與有相對，意譯空無、空虛、空寂、空淨、非有。一切存在之物中，皆無自體、實體、我等，此一思想即稱空。亦即謂事物之虛幻不實，或理體之空寂明淨。自佛陀時代開始即有此思想，尤以大乘佛教為然，且空之思想乃般若經系統之根本思想。

空可大別為人空與法空兩者。人空，意謂人類自己無其實體或自我之存在；

法空，則謂一切事物之存在皆由因緣而產生，故亦無實體存在。又小乘僅見「空」，而不見「不空」，故被稱為「但空」。大乘則不僅見及一切存在悉為空，且兼及不空之一面，故稱「不但空」、「中道空」。蓋作一切法皆空之觀者，稱為空觀。空非虛無（偏空），觀空就是發現真實之價值，故真空就是妙有；反之，將「空」視為虛無，則稱為惡取空。

・色即是空

為「空即是色」之對句。色，廣義言之，乃物質之總稱。謂一切現象皆為空幻，無有實體。小乘以人為五蘊之假和合，無獨立自存之實體，故說「人無我」；大乘不但認為人無我，且以為五蘊自身亦虛假不實，而說「法無我」。所謂五蘊皆空，意謂不論物質現象（相當於色）或精神現象（受、想、行、識）均屬因緣所生法，無固定不變之自性；若以其為實有自性，則是虛妄分別，故色之本質為空。

•空即是色

「色即是空」之對句。指人間之物質、身體本係空無實體，而由地、水、火、風四大和合而成，故稱空即是色；四大若離散，則復歸空無，故稱色即是空。空即是色，並非析色見空，而係體達色之當體即空之故，空者亦非意味斷滅，即有即空方是真空。此真空既為有，故必不異於有，以空即是有，而說空即是色。

•眼、耳、鼻、舌、身、意

又作六情，指六種感覺器官，或認識能力。為十二處之內六處，十八界之六根界。根，為認識器官之意。即眼根（視覺器官與視覺能力）、耳根（聽覺器官及其能力）、鼻根（嗅覺器官及其能力）、舌根（味覺器官及其能力）、身根（觸覺器官及其能力）、意根（思惟器官及其能力）。前五種又稱五根。

五根乃物質上存在之色法，即色根。有二種之別，生理器官稱為扶塵根，以四大（註三）為體，對取境生識僅起扶助作用；實際起取境生識作用者稱為勝義根，以四大所生淨色為性。對此，意根則為心之所依生起心理作用之心法，即無色根。據有部之說，前剎那之六識落謝於過去，意根即是引起次剎那六識之等無間緣。故六識之作用，須常以意根為所依（通依）。然前五識除依意根之外，另有特定之根為其所依（別依）；意識則僅依意根，並無其他特定之根。又六根可視為我人之身心全體，如《法華經》說讀誦、書寫經典，六根即可清淨。

•色、聲、香、味、觸、法

指色塵、聲塵、香塵、味塵、觸塵、法塵等六境。又作外塵、六賊。眾生以六識緣六境而遍污六根，能昏昧真性，故稱為塵。此六塵在心之外，故稱外塵。此六塵猶如盜賊，能劫奪一切之善法，故稱六賊。「六境」指六根所取之六種對境，亦為六識所感覺認識之六種境界。此六境猶如塵埃能污染人之情識，故稱六塵。能引人迷妄，又稱六妄；能令善衰滅，又稱六衰。

•六識

十八界中之六識界。指眼、耳、鼻、舌、身、意等六種認識作用。即以眼、耳、鼻、舌、身、意等六根為依，對色（顯色與形色）、聲、香、味、觸、法（概念及直感之對象）等六境，產生見、聞、嗅、味、觸、知等了別作用之眼識、耳識、鼻識、舌識、身識、意識等。識、境、根三者必須同時存在。阿毘達磨（註四）佛教認為，此六識乃心之作用，其體乃唯一之心，六識不同時作用。大乘唯識家則在六識之外，另立末那（註五）、阿賴耶二識，而認其均能同時作用。

•十八界

乃指在我人一身中，能依之識、所依之根與所緣之境等十八種類之法。界為種類、種族之義。謂十八種類自性各別不同，故稱十八界，又作十八持。即眼、耳、鼻、舌、身、意等六根（能發生認識之功能），及其所對之色、聲、香、味、觸、法等六境（為認識之對象），以及感官（六根）緣對境（六境）所生之眼、耳、鼻、舌、身、意等六識，合為十八種，稱為十八界。十八界中，除去六識，則為十二處，而六識實際亦由十二處之意處所展開，依此，十八界或十二處攝盡一切法。

•無明

為煩惱之別稱。不如實知見之意；即闇（ㄢˋ）昧事物，不通達真理與不能明白理解事相或道理之精神狀態。亦即不達、不解、不了，而以愚癡為其自相。泛指無智、愚昧，特指不解佛教道理之世俗認識。為十二因緣之一，又作無明支。俱舍宗（註六）、唯識宗立無明為心所（心之作用）之一，即稱作癡。

•十二因緣

十二種因緣生起之意，即構成有情生存之十二條件（即十二有支）：無明緣行，行緣識，識緣名色，名色緣六入，六入緣觸，觸緣受，受緣愛，愛緣取，取緣有，有緣生，生緣老死；我們的人生從過去到未來，就是這十二種程序的關係。緣癡有行，緣行有識，緣識有名色，緣名色有六入，緣六入有觸，緣觸有受，緣受有愛，緣愛有取，緣取有有，緣有有生，緣生有老、死、憂、悲、苦惱大患所集，是為此大苦因緣。即此十二支中，各前者為後者生起之因，前者若滅，後者亦滅。即一切事物皆具有相依性，皆由因、緣所成立，故說無常、苦、無我。

• 苦、集、滅、道

「苦集滅道」是佛法的綱要，它說明了整個人生的次第，也叫作「四聖諦」，即四種真理的意思。第一是苦，能逼迫身心者。第二是集，能招感一切善惡。第三是滅，指滅了生死煩惱。第四是道，是可修可證得。集為苦因，道為滅因。

．菩提薩埵

梵文音譯，就是「覺悟眾生」之意，中文常簡稱「菩薩」。要怎麼成為菩薩呢？就要以「無所得」才能到達菩薩道，有相、有對待、有執著、有人我，就與真理不相應。無相的、無我的、無對待的，與真理相應的，成就了菩薩道。

．涅槃

意譯作滅、寂滅、滅度、寂、無生。原來指吹滅或表吹滅之狀態；其後轉指燃燒煩惱之火滅盡，完成悟智（即菩提）之境地。此乃超越生死（迷界）之悟界，亦為佛教終極之實踐目的，故表佛教之特徵而列為法印之一，稱「涅槃寂靜」。佛教以外之教派雖亦有涅槃之說，然與佛教者迥異。

不生為「涅」，不滅為「槃」，合起來就是「不生不滅」的意思。如果修行到了覺悟不生不死的境界，那就是涅槃真如做本體了。涅槃裡沒有生死、沒有生滅，是完全的人生──「常樂我淨」的境界。

‧三世諸佛

「三世」又作三際、去來今、去來現、已當今。「世」乃過去世（過去、前世、前生、前際）、現在世（現在、現世、現生、中際）與未來世（未來、來世、來生、當來、後際）之總稱。現在世與未來世合稱為現當二世。所謂三世，指一個人現在生存之現世、出生以前生存之前世及命終以後生存之來世。至於由過去之業因，所招感之現在果報，此種三世因果（註七）應報之理，即稱三世因果；而出現於三世之佛，則稱三世諸佛。小乘主張一世一佛；而大乘認為空間充滿十方諸佛，在時間上普現於三世，此稱十方橫化、三世豎化。「三世諸佛」，乃統稱全宇宙中之諸佛。又作一切諸佛、十方佛、三世佛。在過去、現在、未來適合的時空，都有佛陀世尊悲憫眾生，駐世弘法。因此，「三世諸佛」即泛指過去、現在、未來的駐世佛陀。大乘認為以空間而言，有十方佛之存在；以時間而言，有三世佛之普現。然小乘則不主張十方之說，而僅論及三世佛，且謂一世僅有一佛。

•阿耨多羅三藐三菩提

略稱阿耨三菩提、阿耨菩提。意譯無上正等正覺、無上正等覺、無上正真道、無上正遍知。「阿」即「無」的意思，而「耨多羅」則為「更高、更上」的意思，「三」為「普遍、正確」的意思，「藐」則為「位階」之意，「菩提」則是「覺知、智慧」。「三藐三菩提」為「正遍知」。乃佛陀所覺悟之智慧；含有平等、圓滿之意。以其所悟之道為至高，故稱無上；以其道周遍而無所不包，故稱正遍知。大乘菩薩行之全部內容，即在成就此種覺悟。菩薩發阿耨多羅三藐三菩提心，則譯為「無上正真道義」。

•咒

指不能以言語說明的特殊靈力之秘密語。乃祈願時所唱誦之秘密章句。又作神咒、禁咒、密咒、真言。咒原作祝，係向神明禱告，令宿敵遭受災禍，或欲祛除厄難、祈求利益時所誦念之密語。印度古吠陀中即有咒術。活躍於我國佛教入傳初期之外國僧侶，長於咒術者頗多，如北涼曇無讖（註八）被譽為西域之大咒師，即其一例。

咒，名為陀羅尼，故對經、律、論之三藏而言，集聚咒之記錄，稱作陀羅尼藏、明咒藏、祕藏等。乃五藏之一。基於此之陀羅尼，有《大隨求陀羅尼》、《佛頂尊勝陀羅尼》等，以及應不同諸尊之特殊修法，依修法之目的而誦相應之陀羅尼。

附註

註一：阿賴耶為八識（眼、耳、鼻、舌、身、意、末那、阿賴耶等識）之一，九識（八識及阿摩羅識）之一。又作阿羅耶識，略稱賴耶、梨耶。舊譯作無沒識，新譯作藏識。「無沒識」意謂執持諸法而不迷失心性；以其為諸法之根本，故亦稱本識；以其為諸識作用之最強者，故亦稱識主。此識為宇宙萬有之本，含藏萬有，使之存而不失，故稱「藏識」。又因其能含藏生長萬有之種子，故亦稱「種子識」。

註二：「楞嚴經」凡十卷。《大佛頂如來密因修證了義諸菩薩萬行首楞嚴經》之略稱。又稱《大佛頂首楞嚴經》、《大佛頂經》。唐代中天竺沙門般剌密諦（中印度人，佛教高僧，東渡中國，誦出《楞嚴經》之後回到印度，不知所終）譯，收於大正藏第十九冊。首楞嚴為佛所得三昧（三摩提）之名，萬行之總稱。本經闡明「根塵同源、縛脫無二」之理，並解說三摩提之法與菩薩之階次。《楞嚴經》乃是開示修禪、耳根圓通、五蘊魔境等禪法要義之經典，而異於鳩摩羅什所譯之《首楞嚴三昧經》。

註三：佛教之元素說，謂物質（色法）係由地、水、火、風等四大要素所構成：(1)本質為堅性，而有保持作用者，稱為地大。(2)本質為濕性，而有攝集作用者，稱為水大。(3)本質為暖性，而有成熟作用者，稱為火大。(4)本質為動性，而有生長作用者，稱為風大。積聚四大即可生成物質，故四大又稱能造之色、能造之大種；被造作之諸色法，則稱四大所造。

註四：三藏之一，意譯為對法、大法、無比法、向法、勝法、論。與經、律合稱為三藏（佛教聖典之總稱），故偶以阿毘達磨藏、阿毘曇藏、對法藏或論藏等見稱。阿毘達磨原指有關教法之研究。若研究律藏者，則稱為阿鼻奈耶。其後廣至對於經、律二藏之論述，皆稱為阿毘達磨。其成立約於西元前後，最初僅為簡單歸納一些佛教名詞，後卻逐漸演成解釋之形式。直到部派佛教時代，各個有力之部派皆成立各自之阿毘達磨，深奧繁瑣之哲學式教學於是展開。

註五：末那，意譯為意，思量之義。唯識宗將有情之心識立為八種，末那識即為八識中之第七識。為恒執第八阿賴耶識為「我」之染污識。為與第六意識（意之識，乃依末那之識）區別，而特用梵語音譯稱為「末那識」。此識恒與我癡、我見、我慢、我愛等四煩惱相應，恒審第八阿賴耶識之見分為「我、我所」而執著，故其特質為恒審思量。又此識為我執之根本，若執著迷妄則造諸惡業，反之，則斷滅煩惱惡業，徹悟人法二空之真理，故稱染淨識，又稱思量識、思量能變識。且其自無始以來，微細相續，不用外力，自然而起，故其性質為「有覆無記」；乃不引生異熟果，卻能覆聖道、蔽心性。「無記」三性之一。一切法可分為善、不善、無記等三性，無記即非善非不善者，因其不能記為善或惡，故稱無記。「有覆無記」，又作有覆心、有覆，為無記之一種。其性染污，覆障聖道，又能蔽心，使心不淨，故稱有覆；然因其勢用弱，不能引生異熟果，故稱為有覆無記。至於不善等法，雖亦能障蔽聖道，然以其勢用強，可招感異熟果，故不稱為有覆無記。

註六：即依《俱舍論》而立之小乘宗派。我國十三宗之一。相對於成實宗被稱為小乘空宗，俱舍宗則被稱為小乘有宗，其學者被稱為俱舍師。唐永徽五年（654），玄奘再譯，稱《阿毘達摩俱舍論》，世稱新俱舍，即此宗所依之今本。

註七：綿亙過去、現在、未來三世而立因果業感之理。蓋以過去之業為因，招感現在之果；復由現在之業為因，招感未來之果。如是因果相續，生死無窮，此即迷界流轉之相狀。說一切有部更以三世兩重之因果說解釋十二因緣，即以「無明、行」為過去之因，招感「識、名色、六處、觸、受」等現在之五果；復以「愛、取、有」為現在之三因，招感「生、老死」等未來之兩果。此三世因果實為佛教教理之一大特色。

註八：曇無讖（385-433），北涼譯經僧，中印度人，婆羅門種出身，講說精辯，應答善巧。年二十，能誦大小乘經二百餘萬言。師又善咒術，為王所重，時人稱為「大咒師」。北涼玄始元年（412），河西王沮(ㄐㄩ)渠蒙遜（368-433，臨松匈奴人，十六國時期北涼第二任君主）迎師入姑臧(ㄗㄤ)，待之甚厚，師於此學習漢語三年，遂著手翻譯《涅槃經》之前分，由慧嵩和道朗擔任「筆受」之職。時北魏太武帝（408-452，鮮卑族，北魏第三任皇帝），聞師長於方術，遣使迎請，蒙遜恐師之方術為魏所用，遂於師西歸欲更求《涅槃經》後分（後由唐代若那跋陀羅所譯出，共二卷）途中，派遣刺客害之，世壽四十九。其所譯之《涅槃經》，世稱北本《涅槃經》。「筆受」又作笔（ㄅㄧˇ）受，即於譯場聽受譯主之言，而以漢文筆錄下來。因傳來我國之佛經皆為梵文，須經翻譯，國人始能知之，然通達漢文者未必熟知梵文，熟知梵文者又未必通達漢文，故兩相配合，以成其事。

……………

佛學辭典

成、住、壞、空四劫：於佛教之宇宙觀中，一個世界之成立、持續、破壞，又轉變為另一世界之成立、持續、破壞，其過程可分為成劫、住劫、壞劫、空劫等四劫。成劫，為器世間（山河、大地、草木等）與眾生世間（一切有情眾生）成立之時期。住劫，為器世間與眾生世間安穩、持續之時期。壞劫，火、水、風三災毀壞世界之時期。空劫，世界已壞滅，於欲、色二界之中，唯色界之第四禪天尚存，其他則全入於長期之空虛中。

肆、精進《般若心經》的修持

大慈、大悲、大力是佛菩薩特有的不共功德，我們一般常說的慈悲心與佛菩薩的慈悲心是不一樣，佛菩薩是出於證悟本源從自性流露出的「無緣大慈，同體大悲」的一種不共悲心，而我們眾生只能以嚮往的心去感應佛菩薩的慈悲。根本上還是要以解脫自身煩惱為先，把長養慈悲心當作資糧，漸次的培養慈悲心，證悟以後，悲心自然具足。要能分辨善念與惡念，去除惡念長養善念。

佛法指引我們要從「心的認識與心性的提升」，佛教所重視的是內在的心靈精神，因為追求外在是無止境。佛陀教示我們：「一切眾生都有佛性，都具有像佛陀一樣圓滿無礙的心智」。我們要找回、開顯我們的佛性，這才是我們學佛的主要目的。親近佛法就是改變心態和觀念，開始重視內省與反思，不能任由外在的變化來決定你的心境，意識到我們的認知與心態，就可能決定外在的一切與後果。因而，人的煩惱、痛苦、無奈、不安、憂愁及焦慮等，都不是來自本身，而是取決於我們對事物的態度與觀念而定。佛陀告誡我們：「利他成就菩薩心，利他總攝諸佛法」。利他，就是菩薩行，利他的心量沒打開，你的心思在無形之中，已受到自我認知的侷限，就難以拓展視野，改變觀念，敞開胸襟。親近、學習佛法以利他為出發心，就是站在對方或整體的立場來思索，就能發展出更多的善念與善行，就會無我，計較與得失就少，煩惱少，智慧自然就開，成就圓滿的人生。

《心經》說的道理全是人的問題，是為「人」而講的。佛法是對人說的，因此，先得到人的身體，才有機會聽到佛法，懂得佛法，充分地修行佛法。《心經》所講的三世十二因緣，就是以十二個階段，說明人類生命從過去世到現在世，再從現在世銜接未來世的連續現象，此乃所謂人的生命三世循環。佛教徒的人生觀，是珍惜生命、積極生活的菩薩行。《心經》的智慧，即是教我們如何實踐積極的人生觀，而又能超越於自我為中心的自私自利。簡單的說，《心經》的內容是在說明人生的根源出自無明，生命的目的是為了成佛，生活的態度是要達到心無罣礙，有無明的煩惱，故而生死不已。如果無明盡，那就能成就阿耨多羅三藐三菩提，也就是成佛。而欲成佛，一定要在日常生活中做到心無罣礙。我們親近佛法之後，要有三個觀念：

……………

佛學辭典

法身，指佛所說之正法、佛所得之無漏法，及佛之自性真如如來藏。小乘諸部對佛所說之教法及其所詮之菩提分法、佛所得之無漏功德法等，皆稱為法身。大乘則除此之外，別以佛之自性真如淨法界，稱為法身，謂法身即無漏無為，無生無滅。

第一是知見：

建立佛法的知見，就是認識與了解佛陀的教義，《華嚴經》說：「深入經藏，智慧如海」。那就要靠善知識，一切善法因善知識而能發起，因善知識能起正見、遠離惡患、能生智慧、能滅煩惱。

第二是禪定：

禪定就是功夫，心念、心思收攝而不外攀緣，就是一種定；心念清淨穩定，功夫日漸純熟，就會開發我們本有的智慧，在《圓覺經》載有「無礙清淨慧，皆依禪定生」。換言之，禪定就是「自在」的表徵，能將快樂與幸福帶給他人，使自己內在性靈與心智自然提升。

第三是願力：

佛法是長遠心，願力就是驅策力，維持你後續的支撐力。願力就是「利他」的心，沒有利他，就不能成就圓滿的果位。平常的「口德」要慎言慎行，尊重別人，就是尊重自己，就是平等心；不是用否定別人、消遣別人來肯定自己、彰顯自己。

從佛教立場講修行，有大器和小器之分，也就是大修行和小修行之分。所謂小乘（註一）是相對於大乘來說的。小乘只要能獨善其身就可以，而大乘不但要自己修行，還要幫助所有的人修行。小乘佛教的修行，在修持方法上，主張修持三學，即戒、定、慧，即透過守持戒律，修習禪定而獲得智慧及八正道（註二），即八種正確的思惟和方法。與大乘佛教相比，小乘側重於自度，修行的最高目標是證得阿羅漢。在大乘佛教的修持方法上，除了修持三學、八正道外，還要修持六度（註三）、四攝（註四）的菩薩行。在修持目標上，除了自度而且還要度人，以善度眾生為修行宗旨，以成佛作為最高的修行目標。

大乘佛教的修行，必須要「自度」，才能「度人」。其修行共有五個層次：

• 人

成佛是從做人開始，凡人只有發心成佛、受持戒律、誠懇做人開始，一點一滴、一步一步地接近佛陀，才有可能稱為佛陀。如果連人都做不好，成佛更是不可能。

•天

佛教是主張入世的，它認為沒有入世的基本道德訓練，就不可能出世（註五）。「天」是指各個國家、各個民族、各個時代的一切宗教所信仰的對象及所嚮往的境界。人人都嚮往西方極樂世界，佛教認為，只有做好了人，並有堅定的信仰，才有升天的可能。

•聲聞

「聲聞」是指聽到佛說法、僧侶說法或從經典上，看到脫離生死的方法而修行證果的。「出世」並不一定是「出家」，在家之人也同樣能證得佛果。「聲聞」有四個不同的階段：初果須陀洹（ㄕㄨˊㄢ）（七返生死）、二果斯陀含（一返生死）、三果阿那含（不還生死）、四果阿羅漢（解脫生死）。

・緣覺

「緣覺」和「聲聞」的意義一樣，只是修行入門的方法不同而已。「緣覺」是在沒有人說佛法，也沒有佛經可看的時候，從自然界某種現象的啟發中，開始瞭解佛法的真理。

・菩薩

菩薩是「菩提薩埵」的簡稱，含有兩種意思，自己已經覺悟，並且幫助他人覺悟的人。一位眾生開始信仰佛教並願意照著佛陀所說的成佛之法修行，這便是初發心菩薩。

大乘菩薩的主要修行方法，叫做六度，又稱「六波羅蜜」。六度是用六種方法，由有生死有煩惱的凡夫這一邊，到無生死無煩惱的那一邊，也就是從生死的苦海到達涅槃，從煩惱的凡夫轉成菩提：

•布施

就是把自身所擁有或所知道的施予他人，除了財物、肉身的施予外，還包括佛法的傳揚和信心的給予。

•持戒

防止一切惡行，修集一切善行和饒益有情。意思是戒除所有不該做的壞事，不再做已戒除的壞事，去做沒做過的好事，已做過的好事要不斷地做下去。簡言之，就是諸惡莫作，眾善奉行，持戒能除去惡業。

佛學辭典

三世因果，即綿亙過去、現在、未來三世而立因果業感之理。蓋以過去之業為因，招感現在之果；復由現在之業為因，招感未來之果。如是因果相續，生死無窮，此即迷界流轉之相狀。

•忍辱

是為有情眾生故，不把任何對自己或教義的侮辱放在心上，坦然面對苦難，終不放棄救度眾生的志願，忍辱能除去嗔恚。

•精進

是為了神聖的誓願，花最大的努力、不灰心、不退縮地勤奮修行，毫不懈怠。無論是對於日常生活中的持戒，還是信仰生活的維持，都不可半途而廢。

•禪定

是心無雜念，不為世俗迷惑顛倒。禪定有三種不同的境界，也可以說是三個階段，分別是：身心平衡、物我合一、物我雙亡。禪定並非只是靜坐，靜坐只是禪定的一種最基本的方式而已，禪定能除去散亂。

•般若

是從布施、持戒、忍辱、精進及禪定的五種修行方法中所得的悟境。佛教修行的最終目標就是獲得般若智慧，擺脫煩惱。般若生則煩惱滅，修行悟境越高，般若越深厚則煩惱越淡薄。佛教的戒律，雖然有出家戒、在家戒的區別，但是一切戒律都是依據五戒為根本，五戒又稱為「根本大戒」，通常是指在家居士，即優婆塞、優婆夷（註六）應持守的五條戒律：

•殺生戒

佛說眾生皆具佛性，都可成佛。眾生包括胎生的、卵生的、濕生的、化生的四類。佛教認為除了不能殺人外，也不能傷害任何畜生。不但戒直接殺害，也戒殺因和殺緣。

•偷盜戒

是指竊取有主之物，不管是採取直接的形式，如竊取、搶劫，還是採取間接的形式，如貪污、舞弊；無論是明顯的，如勒索、詐欺，還是隱蔽的，如假公濟私、渾水摸魚；凡是以不正當的手段，獲取不應得的財物，都被稱為盜。

⋯⋯⋯⋯⋯

佛學辭典

菩薩戒，即大乘菩薩所受持之戒律。反之，小乘聲聞所受持之戒律，稱小乘聲聞戒。菩薩戒之內容為三聚淨戒，即攝律儀戒、攝善法戒、饒益有情戒等三項，亦即聚集了持律儀、修善法、度眾生等三大門之一切佛法，作為禁戒以持守之。我國菩薩戒之弘傳始於鳩摩羅什，於敦煌寫本中有羅什撰之《受菩薩戒儀軌》一卷。至於受戒之作法，則以曇(ㄊㄢˇ)無讖於姑臧（甘肅武威）授與道進等十餘人菩薩戒為嚆矢。梁武帝（464-549，即蕭衍，南北朝時期梁朝的建立者。晚年多次出家，資助佛教發展。）和陳文帝（522-566，即陳蒨(ㄑㄧˋㄢ)，南北朝時期第二位皇帝）均為菩薩戒弟子。

‧邪淫戒

邪淫戒分為兩類，出家人是從根本上戒除一切淫念，在家修行的居士，戒除配偶之外的一切性關係。至於心中戀慕卻未付諸行動，雖然沒有觸犯根本戒，但心中不清淨，有煩惱和妄想，而持邪淫戒的目的主要是使身心清淨。

‧妄語戒

妄語是指不真實的話，包括兩舌、惡口、妄言及綺語四種。兩舌，即搬弄是非；惡口，即出口傷人；妄言，即胡言亂語，欺騙他人；綺語，即花言巧語，言而不實。

‧飲酒戒

飲酒易使人心神不清醒，自律性神經下降，進而引發其他罪惡，陷入意亂情迷之禍。飲酒戒雖明指酒，但是凡屬刺激神經、使人喪失理智、敗壞德行者都在此戒內，如大麻、鴉片、嗎啡等等。

自從宋代四明知禮法師（註七）制定《大悲懺(ㄔˋㄢ)》懺儀，《大悲懺》法會即成為漢地通常流行，且普受歡迎的觀音法會。《大悲懺》是人人都可以親近的懺法，對於不太懂佛法或沒讀過佛經的人，它能夠賜予清淨身心、滿足心願；對於實修佛法的人，它則可以賜予自己專注，進入止觀。因此，無論是佛法初學者或精進者，都可從《大悲懺》法會提升身心狀態。佛陀說：「自知有罪當懺悔，懺悔即安樂」。首先不諱言坦承自己是不完美的人，虛心反省自己錯誤的所作所為，以慚愧之心表白，那麼內心就像染髒的白衣，用清水洗刷過後，依然可恢復它的純淨潔白。《大悲懺》正是藉由持誦「大悲咒」向觀世音菩薩「懺悔」的修行法門。經常膜拜《大悲懺》懺悔，讓身心保持清晰、平靜、輕安，就能使生活與智慧相應，人生就可安然走向平順之路！做為一部「觀音法門」，它指涉了觀音證覺的般若與涅槃，也指涉了觀音的慈悲與方便。行者入懺的「十大願文」，分別是：

南無大悲觀世音——願我速知一切法。
南無大悲觀世音——願我早得智慧眼。
南無大悲觀世音——願我速度一切眾。
南無大悲觀世音——願我早得善方便。
南無大悲觀世音——願我速乘般若船。
南無大悲觀世音——願我早得越苦海。
南無大悲觀世音——願我速得戒定道。
南無大悲觀世音——願我早登涅槃山。
南無大悲觀世音——願我速會無為舍。
南無大悲觀世音——願我早同法性身。

此懺的意義，仍在自我的悟覺與拔贖，通過自我的證覺解脫，而發起與觀音的慈悲相契、相應的廣大菩提心，以種種善巧方便、利益，也協助有情證覺法性。

每一部經典都是要開示悟入眾生佛的知見，依著《心經》修持，就是讓我們都追隨著諸佛菩薩的腳步，親切地在《心經》中生活。影響所及，都與諸佛菩薩產生相應，這是對與我們有緣的眾生及對這國土的報恩，那就是所謂「上報四重恩」，是指三寶恩、國土恩、父母恩及眾生恩，因為我們已直觀人間為淨土。在人間修行，生活的每一部分都可以轉化成功德事業，都可以和佛法相契的，所謂「一花一世界、一葉一如來」，每一法句都是發人深省，所看到的一切都是佛的法身，我們生活在其中多麼愉快，這就是普門（註八）的境界。佛法不是要強硬改變我們這一生的因緣，去另外造一條路，而是轉化清淨我們的每一個心念，將修行落實在實際的生活當中。以《心經》的智慧為智慧，以《心經》的生活為生活，來踐履篤行《心經》的生涯，不再只是誦唸《心經》而已，讓我們的生活成為二十四小時的《心經》生活，一生都是《心經》的腳踏實地實踐者。

附註

註一：小乘，又作聲聞乘，二乘之一，乃大乘、菩薩乘之對稱。意譯為狹小之車乘，指運載狹劣之根機以達小果之教法；即於所修之教、理、行、果，與能修之根機均為小劣之法門。小乘之名，原係大乘佛教徒對原始佛教與部派佛教之貶稱，其後學術界沿用之，並無褒貶意。其教義主要以自求解脫為目標，故為自調自度（即滅煩惱，證果開悟）之聲聞、緣覺之道，而異於大乘自利利他二者兼顧之菩薩道。今日東亞諸國中，以錫蘭、緬甸、泰國等專傳小乘佛教；尼泊爾、西藏、蒙古、我國及日本等則主要遵奉大乘佛教，而兼學小乘。

註二：八正道，乃八種求趣涅槃之正道。在三十七道品中，最能代表佛教之實踐法門，即八種通向涅槃解脫之正確方法或途徑。釋尊轉法輪時，所說離樂欲與苦行之二邊，趨向中道者，即指此八正道。八者即：(1)正見，又作諦見，即見苦是苦，集是集，滅是滅，道是道，有善惡業，有善惡業報(2)正思惟，又作正志，即謂無欲覺、恚覺與害覺⑶正語，又作正言，即離妄言、兩舌、惡口、綺語等⑷正業，又作正行，即離殺生、不與取等⑸正命，又作諦受，即捨咒術等邪命⑹正精進，又作正方便，即謂能求方便精勤⑺正念，又作諦意，即以自共相觀身、受、心、法等四者⑻正定，又作諦定，即離欲惡不善之法，成就初禪乃至四禪。

註三：六度，指布施、持戒、忍辱、精進、禪定、智慧等六波羅蜜。《善戒經》說：「行布施能感富，持戒則感具色，忍辱感力，精進感壽，禪定感安，智慧感辯，稱為六度果報」。

註四：四攝法，簡稱四攝、四事、四法。即菩薩攝受眾生，令其生起親愛心而引入佛道，以至開悟之四種方法。即⑴布施攝，謂若有眾生樂財，則布施財；若樂法，則布施法，令起親愛之心而依附菩薩受道。⑵愛語攝，謂依眾生之根性而善言慰喻，令起親愛之心而依附菩薩受道。⑶利行攝，謂行身口意行，利益眾生，令生親愛之心而受道。⑷同事攝，謂親近眾生同其苦樂，並以法眼見眾生根性而隨其所樂分形示現，令其同霑利益，因而入道。

註五：佛教修行的目的，是為了解脫煩惱，出離三界，此乃出世的思想。佛教講究「弘法利生」，入世行菩薩道，廣度眾生。「出世」，出世間之略稱；即超越世俗、出離世塵之意。「入世」，入現有變化的世間，即指我們居住的世界。「出世」即是出世間，「入世」即世間。世間指世俗之事，出世間即指佛法；世間代表有漏（煩惱），出世間即意謂解脫。於苦、集、滅、道四聖諦中，苦、集二諦為世間法；滅、道二諦為出世間法。又為解脫而修之四諦、六度等，皆稱為出世間法。

註六：優婆塞，即在家親近奉事三寶、受持五戒之男居士。為在家二眾之一，四眾之一，七眾之一；與優婆夷同係在家之信仰佛法者。《增一阿含經》卷三列舉佛在世時以難陀、難陀婆羅為優婆夷三十人之上首。南方所傳巴利律藏大品，則謂優婆夷始於耶舍（在五比丘後出家受戒者）之母。

註七：知禮（960-1028），北宋天台宗僧，四明（浙江鄞縣）人，以居四明山，弘揚天台正義，為天台宗第十七祖，世人稱之為「四明知禮」，以長住四明延慶寺，故世稱四明尊者、四明大法師。七歲喪母，遂發願出家，十五歲受具足戒，專究律典。二十歲，從寶雲義通學天台教典，甫經一月，便能自講心經。大中祥符三年（1010）受敕額「延慶寺」，師於此專事懺講四十餘年，學徒遍於東南。宋真宗（968-1022，宋太宗第三子）感念其德，賜號「法智大師」。師門徒甚眾，其中較著名者，有尚賢、本如、梵臻等三十餘人。

註八：「普門」，謂普攝一切眾生的廣大圓融的法門。見《法華經．觀世音菩薩普門品》。意指周遍圓通，又譯無量門。天臺宗將實相圓法周遍一切稱為「普」，實相（即中道）無所蔽塞稱為「門」。即謂《法華經》所說中道實相之理，遍通一切，無所壅塞，故諸佛菩薩乘此理，能開無量門，示現種種身，以拔除一切眾生之苦，令成就菩提。

第三篇 《般若心經》法要

壹、總持分

・概括心經主要含義・

〔經文〕

觀自在菩薩①，行②深般若波羅蜜多時③，照見五蘊④皆空，度一切苦厄⑤。

〔詮釋〕

觀自在就是把觀音的法門修行成功，要觀境自在、觀照自在、觀用自在、觀心自在於安住自性的智慧之中。觀世音的修行與成就，由「文字般若」到「觀照般若」，再證入「實相般若」，達到自在、解脫彼岸的大覺圓滿般若智。以甚深般若智慧，觀照體驗色、受、想、行、識五蘊假我諸法的自性皆空，因而得以度脫「四苦四厄」的苦痛、災難及煩惱，完成修行涅槃的最終目標。

〔註解〕

①觀自在菩薩：「觀」字乃用心觀心，任何修行的方法都叫觀。是以自心觀照身心世界，破除一切執著。「自在」是不受外界任何事物影響，不再罣礙，以慈悲心廣度眾生。觀自在菩薩指能觀的人，在修行中的自我，用心觀照到自性本體，安住於清淨自性中得大自在，同時運用靜謐的般若智慧，教化世間。這位觀自在菩薩，就是觀世音菩薩，玄奘大師把它翻譯為觀自在菩薩。

②行：「行」是動詞，就是修行的意思，菩薩有智慧產生功能時就是行。指般若智慧甚深廣大，使眾生清淨、滅除苦憂、成就正道及體證涅槃。

③深般若波羅蜜多時：「般若」就是智慧、清淨、遠離、明度的意思。這與哲學家所謂的智慧並不相同，故將菩薩的智慧叫「深般若」，這是大乘的深般若，不是二乘的淺般若。只有已行深般若的菩薩，才得絕對的自在，只要有眾生可度，「我」一定是相對存在。般若，本義為「超越的智慧」。深般若，修行者不僅能觀照自我，還能觀照有情眾生，擴及萬事萬物。「波羅蜜多」，就是到彼岸，菩薩通過自行化他之事，竭盡一切妙智慧，將眾生從生死的此岸，渡到不生不滅涅槃彼岸之菩薩大慧。

④五蘊：所謂「五蘊」又稱為五陰、五聚、五眾、五受陰，意為「積增聚合」，就是色蘊、受蘊、想蘊、行蘊、識蘊。那就是佛陀所說不論物質現象（色）或精神現象（受、想、行、識），是構成人身的五種要素。

⑤苦厄：「苦」是痛苦、辛苦，是生死苦果；「厄」是禍患、險難，是煩惱苦因，兩者都是凡夫執著於五蘊不空所致，把眾生的一切痛苦、災難，都度脫了。

〔佛法智慧〕

一、「觀自在菩薩」與觀世音菩薩，原來是同一位菩薩，梵文 Avalokite'svara，譯成中文叫觀世音或觀音。鳩摩羅什（Kumārajīva，344-413，西域龜茲人，今新疆庫車）五世紀的譯本為「觀世音」，到了七世紀玄奘三藏法師西行印度取經十七年，攜回梵文經典 520 匣、657 部。貞觀二十三年（649）譯出《心經》改譯本為「觀自在」。「三藏法師」須精通經、律、論三藏。「經」是釋迦牟尼說的教法。「律」是佛教僧團的行為準則和道德規範。「論」是佛弟子對經、律的解釋。觀音菩薩是慈悲的化身，是人類進入極樂之地的引導者，是人世間各種苦難的解救者。憫念眾生，曾經三十三次化身成人，顯化成不同的莊嚴寶像，到各地救苦度劫，以「五觀」化度眾生：

- **真觀**：即契入實相，擺脫虛妄觀念和名相，進入真如。
- **清淨觀**：當觀念和矛盾消融之後，就擁有了清淨無妄的心境。
- **廣大智慧觀**：即般若波羅蜜，體證到「空」和「互即互入」的本性。

- **悲觀**：即了知眾生的苦痛，尋求使眾生從痛苦中解脫的方法。
- **慈觀**：深入觀察眾生，使眾生斷除一切執取、分別，消歸自信，成為佛種，獲得安樂。

……………

佛學辭典

「梵語」（Samskrtam）古印度之標準語文，又稱天竺語。北傳佛教聖典所用之語文，屬印歐語族。為區別於古代之梵語，乃將佛教經典所用之梵語，特稱為佛教梵語。梵語字母計四十七音，此外別加三音，則成五十音。佛典在初期多使用俗語，其後隨著時代之變遷而逐漸梵語化，及至後期，除特殊術語之外，已完全成為古典梵語。

觀音菩薩早已成佛，號正法明如來，是西方極樂世界（亦稱西方淨土）的法身大士，為了追隨釋迦牟尼佛應化人間而化現菩薩。在《大悲心陀羅尼經》有一段記載：「觀世音菩薩不可思議威神之力，已於過去無量劫中作佛竟，號正法明如來，大悲願力，安樂眾生，現作菩薩」。至於未來再度成佛，《悲法經》內也有名號：「西方極樂阿彌陀涅槃之後，觀音成佛，名遍出一切光明功德山如來」。可知觀音菩薩過去、未來都是佛，只為便於度眾示現為菩薩。

在佛教上佛陀是教主，所有歸依佛門的人都拜佛陀為師，成為弟子，除了佛陀之外，最廣為佛教徒所敬愛的就屬於大慈大悲觀世音菩薩。佛陀在講道《觀音三昧經》、《千手陀羅尼經》時，就說觀世音菩薩早在祂之前成佛。佛陀的前世，年幼時曾經拜正法明如來為師修成菩薩。在講《楞嚴經》時，說觀世音是修耳根圓通法門而證得最高的成就。祂的「觀」不是用耳聞而是用清淨心來觀，畢竟，心是耳的主體。觀世音廣受諸佛菩薩和眾生的尊崇愛戴，祂的慈悲誠如「千處祈求千處應，苦海常作度人舟」，眾生有苦難呼求於祂，就尋聲解救之。

觀世音千手千眼在《大悲心陀羅尼經》中記載著：所謂「千手」代表祂有無限的能力，以各種方法救度眾生；所謂「千眼」代表祂有無限的智慧，透澈瞭解大道的體用和一切現象的根由。能以祂的心為心，祂的願為願的人，都是觀世音的千手千眼，也就是祂的分身、助手，才能完成祂救度眾生離苦得樂的宿願。觀世音的法相，從《華嚴經》當中，知曉祂是勇猛大丈夫觀自在，也是相好大圓覺。唐太宗以前，祂都是男身比丘相。由於祂的慈悲心，常現婦女身度人，因此都把祂繪畫或雕塑為女身，其中以身著白衣，手持淨瓶，顯現莊嚴慈祥的最盛行。

觀世音曾發下四弘誓願：

眾生無邊誓願「度」

法門無量誓願「學」

煩惱無盡誓願「斷」

佛道無上誓願「成」

要徹底解決眾生的苦厄，當從救人心起始，脫離了六道輪迴，眾生才能真正的脫離苦果的牽纏，修道成佛。

……………

佛學辭典

「巴利語」（Pāli-bhāsā），為南方佛教聖典及其注疏之用語，屬印歐語系，係印度中期亞利安語中，初期地方語之一。近代始將錫蘭等地之三藏及注釋書所使用之語言，稱為巴利語。字母總數凡四十，母音有八，父音三十二，其音聲與文法較梵語為簡，書體亦不定，係以南方各國之書體書寫；由於有巴利三藏，遂使原始佛教聖典得以流傳。

在《華嚴經．淨行品》中，勗勉眾生學佛，能做到「統理大眾，一切無礙」。佛教講的智慧，不同於知識和學問，智慧要從內心的體驗、人與人之間相互和諧的修養而獲得，智慧從自我開脫而得，不可作繭自縛，福報是靠無私的智慧來。善於處人是智慧；受人善待是福報。

二、般若波羅蜜多是指智慧度

般若波羅蜜多是指智慧度，大乘佛教認為透由「六波羅蜜」的「六度」法門－布施、持戒、忍辱、精進、禪定、般若等六種修行德目，便有機會到達彼岸。「般若波羅蜜」被稱為「諸佛之母」，成為「五波羅蜜」之重要地位。佛將布施擺第一，就是要真正放下，唯有放棄自己的成見、執著，才能守法；持戒就是守法，佛陀的教誡都是戒法，心要明白其義之後，行為決定要遵守，如此持戒守法，方能「滿是大願」；為人處事「小不忍則亂大謀」，《金剛經》云「一切法得成於忍」，忍辱要有包容心，自己的好惡是煩惱，能放下，恆順眾生，就是忍辱波羅蜜；佛法是真實智慧、真實覺悟之法，清淨心不能現前，真誠心就被破壞，「魔怨」（指煩惱）必然乘機而入，能將心止於善念，煩惱不能亂心，惡念就進不來，這才是真精進；禪定就是心有主宰，不為外境所動，這樣的修行才得力，堅定的信心，毫不動搖，信心具足，依教奉行，定能有所成就；戒、定、慧三學，從初發心到菩提，須遵守的三個原則。定是心之體，慧是心之觀照，戒是心之行為，所以稱之為「三學」，也稱為「三寶」。慧是佛寶，定是法寶，戒是僧寶，三寶具足就是行菩薩道。離一切相，修一切法，稱作「般若波羅蜜」，五度以般若為導，般若也不能離開五度，否則般若就落空。而觀自在菩薩的智慧是直觀真理的本體，超越文字、語言，是至高的般若智慧，來完成自利、利他的理想境界。般若是「勝義智」，可從「文字般若」、「觀照般若」與「實相般若」三個面向認識：

・**文字般若**：佛所說的經典，佛陀的言教能展示般若精義，直接顯示般若的文字，後世的行者遵依經典契入般若智慧，以聞所成慧、思所成慧、修所成慧，透過文字般若，觀照般若再契入實相般若。

・**觀照般若**：般若沒有觀照，就不能認識事物的內在，佛教講「三界唯心，萬法唯識」，虛妄心能以假亂真，透過觀照趨近實相，觀察我法並無自性，進一步徹悟諸法空相，《大智度論》說：「未成就名空，已成就名般若」，般若引發妙用，善巧才能度生。

・**實相般若**：實相就是究竟的真理，不可以用有無、長短、大小來衡量，我們不能認識無相，但是竟然被假相所朦蔽。無相所以無所不相，無所不相就是實相。執著就是假相，無相就是不執著，也就是實相。《金剛經》佛告須菩提：「凡所有相，皆是虛妄。若見諸相，即見如來」。

心經的名稱叫做「般若波羅蜜多」，有了「般若」就能「波羅蜜多」。「多」是語助詞，「波羅蜜多」是梵語 **pāramitā**，就是「度」，「從此岸度到彼岸」，有了般若，就能把我們從「迷」度到「悟」，從「痛苦」度到「快樂」，從「動」度到「靜」。有了般若，人生沒有苦只有樂，沒有莽動只有寂靜，沒有愚痴只有覺悟，有了般若就能得度，就能波羅蜜多了。

三、佛教將個人身心與身心環境的物質與精神分成五種「聚集」，故稱為「五蘊」。

「色蘊」是物質組合，由地、水、火、風四種所形成，一般所說的肉體或物質。「受蘊」是感覺組合，肉體生理的感受與精神之知覺感覺作用。「想蘊」是思惟組合，對所見事物所形成的語言和概念的精神活動或內心自起的聯想、分析及辨別作用。「行蘊」是行為組合，集中注意力於觀看，當內心生起思惟活動，因意念而行動，支配行為的意志者，會有流變無常之意，所以說「諸行無常」。「識蘊」是了別組合，對所看到的對象，進行判斷、認識與辨別。「色蘊」屬於物質層面，這個「色」就是物質，不能把它看成五顏六色的意思。至於後四蘊均屬於精神層面，把物質的「色」和精神的「心」結合起來才成為一個人。物質的色和心的識統合就有了受、想、行的作用，把色、受、想、行、識合起來，就是「我」。人是由「四大五蘊」和合而成。「四大」就是地、水、火、風。地大是堅硬性，如身上的骨頭；水大是潮溼性，如汗水；火大是溫暖性，如身體的溫度；風大，是流動性，如呼吸。「四大」就是五蘊中的色蘊，人是四大種條件和元素統合而成，若四大種的物質條件不和，身體就出紕漏。

佛教將眾生分為十種，有四種眾生不必進入輪迴，即佛、菩薩、聲聞、緣覺，這些眾生通過修煉而達到了不死的涅槃境界，剩下的六種眾生，還得在六道中繼續輪迴，那就是六道。

……………

佛學辭典

「比丘」梵語，指出家得度，受具足戒之男子，比丘之語義有五種：⑴乞士（行乞食以清淨自活者）⑵破煩惱⑶出家人⑷淨持戒⑸怖魔。其中破惡（破煩惱）、怖魔、乞士，稱為比丘三義，與「阿羅漢」一詞語義中之殺賊、應供、無生等三義，合稱為「因果六義」，比丘為因，阿羅漢為果。

四、所謂「六道輪迴」，乃指天、人、阿修羅、畜生、餓鬼、地獄等

六道眾生，都是屬迷之境界，不能脫離生死，這一世生在這一道，下一世又在那一道，總是在六道裡輪來輪去，永遠轉不出去。

三善道

• **天道**：行善與有修行的人轉世的地方，受福報。天道不是修行的地方，因福報大，沒有痛苦，天人易溺於玩樂而懶惰，所以不修行。天人福報盡後，根據個人的因果轉生他界。

• **人道**：乃是六道中最好修行的地方，世界上的痛苦，真正的修行人必須面對邪惡的考驗，能經過考驗就能得道。得道之人，可自決生死，若能進入四聖道，就可避免輪迴之苦。

• **阿修羅道**：充滿衝突與糾紛的世界，阿修羅像神有法力，不過沒有神的福報。若修行人不修心而有嫉妒心、驕慢心，就可能轉生於此界。

三惡道

• **畜生道**：欲望和癡妄所控制的世界，畜生道乃懲罰為惡，犯邪淫與癡妄罪的眾生。轉生為畜生後，互相行刑殺害，繼續墮落，很難離開。

• **餓鬼道**：懲罰非常自私的眾生，餓鬼道的眾生因前世自私而不願施捨救他人，死後轉世入餓鬼道受飢渴的折磨。

• **地獄道**：懲罰殘酷的眾生，受諸種酷刑，懲罰終盡之後，轉生餓鬼，諸世以後，方得轉生為畜生。

五、二乘，是大乘佛教術語，對獨覺（主修四念處、十二因緣、四聖諦、八聖道）與聲聞（主修內涵和獨覺乘相同）的合稱，主要修證內涵即是解脫道，是佛法修行兩個主要的法道之一；另一則是大乘佛菩提道，其修行內容涵蓋了解脫道的所有內容。二乘菩提的修行法道，主要透過佛法中修行斷我見、我執的方法，滅除眾生的分段生死等無明，而得證解脫的智慧。二乘菩提的修行目標就是解脫在三界世間中不斷生死流轉之苦，滅盡三界後有的種子，入無餘涅槃，不再有後世、不會出生於三界世間。

三界，佛教用語，構成世間，相當於三有。有情眾生都在三界中因煩惱的關係生死輪迴。三界亦可譯爲三世，指時間界，如過去、現在、未來縱三世佛：

(1)**欲界**

指具有淫欲、情欲、色欲、食欲等有情所居住的世界。上自六欲天，中間包括人界四大洲、阿修羅，下至畜生、餓鬼、地獄等，因此界為男女雜居，多諸染欲，故稱為欲界。

(2)**色界**

指遠離欲界的淫、食兩欲，但仍具有清淨色質等有情所住的世界。此界在欲界之上，沒欲染，也沒女形，眾生皆由化生；色界的宮殿高大，由色所化生，一切殊妙精好。因此界尚有色質，故稱為色界。

(3)**無色界**

指唯有受、想、行、識四心，而沒有物質生活的有情所居住的世界。此界沒有任何物質之物，也沒有身體、宮殿、國土，只有心識，住在深妙的禪定之中，故稱為無色界。

六、「五蘊」是指一切有形的生理和無形的心理現象：

• **色→物質→以質礙爲義**。物質的聚集，統攝了一切物質世界，一切有實體存在的物質，由地、水、火、風四大種所形成　物質層面（色法）。

• **受→感受→以領納爲義**。從身體和精神上，領受、納受外界的知覺作用　精神層面（心法）。

• **想→概念→以審思取像爲義**。是想像、思考或判斷的心理作用。

• **行→意志→以造作爲義**。心和意念而行動，造作善業與惡業。

• **識→了別→以了別爲義**。所看到的對象，進行判斷、認識與分別。

不論是物質方面，還是精神方面，五蘊都是阻擋了眾生清淨心的障礙，其本性皆是空的，是虛幻不實的。若能看清五蘊空性的道理，不為一切虛象所迷惑，就能見性成佛。

七、人生來有八種苦，其中四種苦是平等的，人人都有，就是生、老、病、死。不分老、幼、貴、賤，只要是人，都有平等苦。

……………

佛學辭典

「阿彌陀佛」梵語 Amitābha，略稱彌陀，為西方極樂世界之教主，能接引唸佛人往生西方淨土，故又稱接引佛。意譯無量、無量壽、無量光，此佛光明無亮、壽命無亮，故稱阿彌陀佛。阿彌陀號稱無量清淨佛，所在之世界稱為清淨世界、極樂世界。阿彌陀三尊像，通常以觀音菩薩和大勢至菩薩為其脅侍，而與此二尊並稱為西方三聖。「脅侍」，又作脅士，侍立在佛、菩薩的兩側、兩邊，以協助佛降妖伏魔，或教化眾生的輔佐者，道教稱「從神」。

肉體層面的苦

(1)**生苦**：父母生我們出來受種種苦。

(2)**老苦**：逐漸長大成人，由青年、壯年變成老人，人老了六根暗鈍，眼茫耳聾，行動遲緩，龍鍾老態，老苦現前。

(3)**病苦**：全身纏病，日夜哀痛，呻吟不已。

(4)**死苦**：最終往生入土，誰也難免。

還有四種苦，叫差別苦，因各人的果報不同，或多或少，苦有差別。

外在引起的痛苦

(5)**愛別離苦**：你所愛的人，不是生離就是死別，痛苦異常。

(6)**怨憎會苦**：怨是怨家，和你結冤仇的人；憎是憎惡，你所討厭的人，偏偏就和你聚會在一起的苦楚。

(7) **求不得苦**：所追求的一切，都不能如願，感到哀痛。

(8) **五蘊熾盛苦**：即色、受、想、行、識，像火燒一樣，使身心難安。

……………

佛學辭典

「大雄寶殿」梵語，「大雄」為偉大英雄之意，為佛之德號。因佛具有大智力，能降伏魔障，故稱大雄。《法華經》〈從地湧出品〉：「善哉！善哉！大雄世尊」。中國寺院大殿之供奉佛陀者，即稱大雄寶殿。佛有大力，能伏五陰魔、煩惱魔、死魔、天子魔等「四魔」。

貳、色空分

•講述空與有的關係•

〔經文〕

舍利子①！色不異空②，空不異色③；色即是空④，空即是色⑤；受、想、行、識，亦復如是⑥。

〔詮釋〕

「智慧第一」的舍利子！一切事物的現象都有各自因緣，並無實體概念。色法和空性是一體的兩面，色法分明顯現，是緣起的假象；空性是緣生無性。虛空之中，色空了萬有，而萬有也都在虛空之中。當菩薩以般若智慧觀照萬物色相時，徹見萬物色相皆空，而空就是萬物色相的本質。當色蘊一空，物質的虛幻消失了，於心理層面的四蘊也就皆空無實性，唯是一心。

〔註解〕

①舍利子：即是舍利弗，玄奘法師譯為舍利子，梵語 **Sāriputra**，又作舍利弗多、舍利弗羅、舍利弗怛(ㄉㄚˊ)羅、舍利弗多羅、奢利富多羅、奢利弗多羅、設利弗呾(ㄉㄚˊ)羅等，出生於古印度摩揭陀國。在佛經中向佛陀提問的人稱為當機者，在法會中具有相當的代表性，例如《金剛經》的當機者是須菩提，《楞嚴經》的當機者是阿難（前463—？又稱阿難陀，佛陀堂弟，被稱為多聞第一），《楞伽經》的當機者是大慧（漢譯摩訶摩帝，大慈悲大智慧的聖者），還有《阿彌陀經》的當機者為舍利弗，也就是舍利子。《心經》的主旨是要發揮般若智慧空性，而舍利子是佛弟子中「智慧第一」者，因此才由他來作為當機者。在佛陀弟子之中，舍利弗與目犍(ㄐㄧㄢ)連被稱為佛陀門下的「雙賢」，是佛陀弘法的左右手。舍利子從小聰穎，善於辯論，不論在聽聞佛法或是指導同修上，都展現了智慧、寬容、慈悲的特質。常隨佛陀，論法究義，甚至代佛說法，參贊佛化。佛

陀十大弟子各有所長，迦葉尊者頭陀（即對衣、食、住等棄其貪著，以修鍊身心，就是抖擻煩惱。）第一、阿難多聞第一、舍利子智慧第一、目犍連神通第一、須菩提解空第一、羅睺（ㄏㄡˊ）羅世密行第一、富樓那說法第一、優婆離持戒第一、阿那律天眼第一、迦旃（ㄓㄢ）延論義第一。

②色不異空：「色」是一切萬物的外在表相；「空」是一切萬物的內在本體。色若離開空，便無法存在；空若離開色，也無法顯出空。《心經》所講的色，主要是人的身體，色與空是用與體之間的差異，空是色的體，色是空的用，兩者相互依存，不可能單獨存在。「異」字可以作「差別」、「差距」解說，不異就是沒有差別、沒有等距之意。「色不異空」是要破除凡夫，對所有色蘊的貪愛執著。

③空不異色：佛教所謂的「空」，並非指「空無一物」，而是指一切事物的現象都有各自的因緣，並無實體。在「空」的概念之下，無自我，也無自性，與「空」對應的是「色」，指具體形象的事物，是人類感官所對應的對象。觀自在菩薩對緣覺乘與聲聞乘者說「空不異色」，因二乘體認凡夫執著於色相，而引生煩惱，但執著於空，

終究不得解脫。

④色即是空：我們的色身，是以四大為因緣來觀察，「有因有緣滅世間」，從一切虛幻存有的世間，證得空性的境界。直觀色身的本身就是無常（非不變）、是無我（非獨存），合而言之就是空（非實在）。如此，色與空，空與色，只是一體兩面，彼此沒有分別。

⑤空即是色：在空的概念之下，一切事物的本質是不穩定、無常和無我。是「有因有緣集世間」，從現空的境界中，體悟一切如幻不可得，無礙的現起如幻的眾相，直接證入於緣起空相。

⑥受、想、行、識亦復如是：色是色法，受、想、行、識是心法。當色蘊一空，物質的虛幻消失了，緊接著心理層面的四蘊—受（感受）、想（概念）、行（意志）、識（了別）也就皆空了，我們能解開生命主體的枷鎖，身心會獲得無限的自由。

〔佛法智慧〕

一、古印度有一種鳥名為舍利，其眼力銳利明快，舍利子的母親因雙眼像似舍利而得名。他母親在眾女人中聰明第一，受眾人尊崇，用母名來顯子便是舍利子。當觀自在菩薩向舍利子說法時，圍繞在佛陀身邊的有「大比丘眾滿百千人，菩薩摩訶薩七萬七千人」，在本經中，舍利子只作示範作用，並未發表言論。舍利子雖然智慧第一，卻始終是小乘聖者，只能修到阿羅漢果的最高境界。阿羅漢是聲聞乘四種階梯的最高成就，初果叫做須陀洹(ㄏㄨㄢˊ)，悟入般若實相，對佛法深信不疑，要七次來回天上人間才證阿羅漢果。二果斯陀含，五欲淡薄，還要一來回天上人間便證阿羅漢果。三果阿那含，將在天上證入不生不滅境界。四果阿羅漢，斷除老死的生因，建立清淨行為，不再受生死支配，證入不生不滅境界，始獲得聲聞乘成就。舍利子從五陰皆空而證阿羅漢，觀自在菩薩從五陰皆空而證大菩薩，兩位差異不是所領悟的般若實相有大小之別，而是福德不同之故，即根本智不二，而差別智不同。舍利子是刪闍(ㄉㄨ)夜毗羅胝(ㄓ)子（主張凡事沒有明確答案，被稱為「詭辯論」者）的弟子，皈依於佛陀座下，是得力助手。佛陀最常安住的祇(ㄑㄧˊ)樹給(ㄐㄧˇ)孤獨園，就是由他負責監修。舍利子一生對佛陀十分崇敬，遺憾的是先於佛陀圓寂，遺骸葬於祇園。

二、釋迦牟尼佛跟我們講說：「諸法因緣生，諸法因緣滅，我佛大沙門，常作如是說」。世間一切萬象萬物「因緣而有」；世間諸法沒有「因緣而滅」。佛教的教義是圓的，凡事講「因緣和合」，人就因緣和合而有，甚至整個宇宙萬法，都在因緣裡面。《般若心經》說明空和色的關係，凡夫認為空和色沒有關係，色就是有，空就是無，色和空、有和無，有的不是無，無的不是有，這是認知的偏差。不要以為有、無是兩個現象，有不是沒有，沒有不是有，其界限分明。有和無就是色和空，用「不異」、「即是」把它調和起來。不異，就是「不是不同」，有和無不是不同，根本「即是」。

三、「色」統攝一切物質世界。世間有形有相的，都稱為「色」；「空」是一切物質的本真、實相、本體。「色」是一切萬物的外在表相，而「空」是萬物的內在本體。「色」與「空」是用與體之間的差異，空是色的體，色是空的用，兩者相互依存，不可能單獨存在。以水和水波作比喻，水如同「空」，水波如同「色」，當水因風吹起而產生水波，說明「空即是色」；當風停止吹動，水波隨之止息，說明「色即是空」。空不能離開五蘊，五蘊本身就是空。色是物質現象，存在於空中，由於有空，色的物質現象，才能經常變化。我們人的色身，有生、老、病、死，會老化、會消失，不是永恒獨立存在，有變化才明白它的存在，這就是「色」，確切的說就是現象有而自性無。「空」的概念不只是適用於五蘊中的色蘊，其他受、想、行、識四蘊也是相同的推論。四蘊雖是心理層面，但和物質層面的色法同樣是虛幻不實。譬如以雙眼看見外境為例，眼睛（色蘊）是空的；所產生的苦、樂的感受（受蘊）也是空的；所見事物形成的概念（想蘊）及專注於觀看（行蘊），還有判斷所看到的對象，也都是空的。一旦色蘊空了，物質的虛幻即消失，接著心理層面的四蘊皆空。釋迦牟尼佛指出，既不要執著於色相，也不要執著於空相，而應以中觀的態度來對待「空」與「有」，不應視為矛盾的對立。

佛教認為世界萬物與人的身體，都是由地、水、火、風四大元素契合而成，終將歸於空寂，而非恒常不變，這就是「四大皆空」的真諦。

……………

佛學辭典

「比丘尼」梵語，簡稱為尼，原指出家得度，受具足戒之女性，其後泛指出家之女子。印度之有比丘尼，起於釋尊聽許姨母摩訶波闍波提出家，受具足戒，後有五百釋種女出家得度，其戒條凡三百四十八戒。西晉建興年間（313-319）尼淨檢（291－361，跟隨淨檢出家的還有二十四名女子）從西域沙門智山剃髮，受十戒，後東晉咸康年間（335-342），僧建由月支國來，齎(ㄐㄧ)摩訶僧祇比丘尼戒本及羯(ㄐㄧˋㄝ)磨，升平元年二月（357）請曇摩羯多立比丘尼戒壇，淨檢和同志三人共於壇上受具足戒，此為我國比丘尼之濫觴。

四、佛教所謂的「空」，並非單指「空無一物」，而是指一切事物的現象，都有各自的因緣，並無實體。在「空」的概念之下，一切事物的本質是短暫的、不真實的、不穩定的、無常的，而且彼此相互依存，因條件而存在或依對方的存在而存在，並無自我，也無自性。無論是「空門」或「色即是空，空即是色」，都是描述這種沒有真實性的存在狀態。與「空」對應的是「色」，意指真體形象的事物，或是一切有形相、佔有空間的物質。哲學定義是「質礙」，即有阻礙，兩種物質不可能同時同佔一處、「變礙」，即改變、「變壞」，即消失，這便是對一切事物現象的描述。「色」還可分為內色、外色、顯色、表色、形色五種。依據經句的結構，除了「色不異空，空不異色」之外，還可推衍出：

受不異空，空不異受；
想不異空，空不異想；

行不異空，空不異行；
識不異空，空不異識。

同樣地，「色即是空，空即是色」之外，也可推衍出：

受即是空，空即是受；
想即是空，空即是想；
行即是空，空即是行；
識即是空，空即是識。

《心經》最重要的道理就在「色不異空，空不異色；色即是空，空即是色」。「色即是空，空即是色」。你眼睛見幻色，就是空；反過來說，空也是你所見的幻色，色與空是一個法，沒有兩個法，世間法是不久長的，外面的境界本來沒有美醜，都想妄想心分別出來。色若離開空，便無法存在；空若離開色，也無法顯出空。

五、「四大皆空」的說法是來自佛家

。東漢明帝（28-75，東漢第二位皇帝）時迦葉摩騰和竺法蘭在白馬寺合譯佛教典籍，為中國最早的漢譯佛經《四十二章經》一卷二十說：「佛言，當念身中四大，各自有名，都無我者」。是說「四大」在人的身中，各有名字。晉代慧遠（334-416，東晉高僧，是中觀、般若學大師，淨土宗初祖）《明報應論》提及「四大」之名

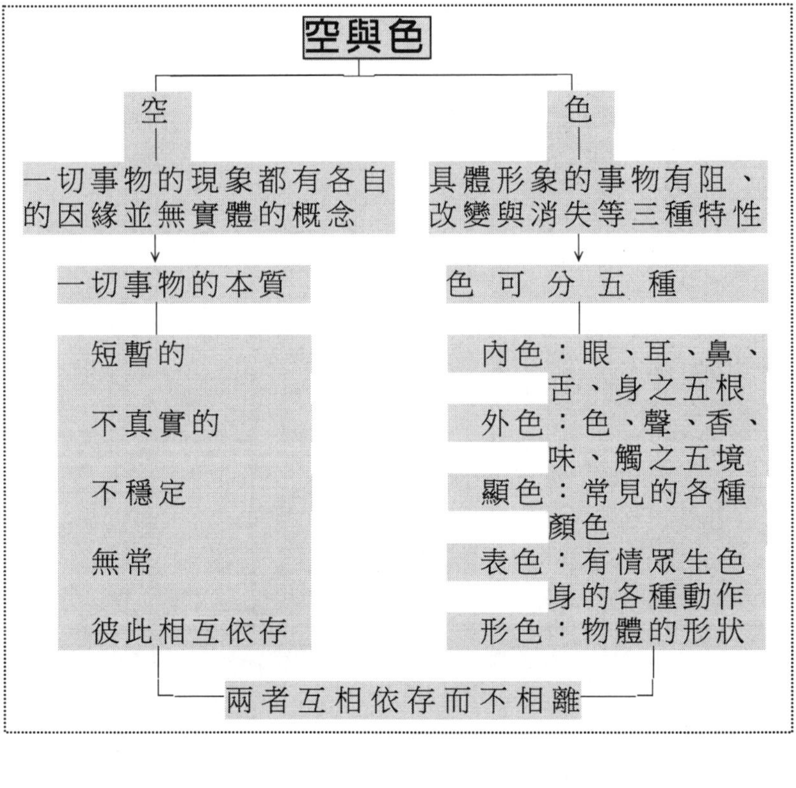

說：「夫四大之體，即地、水、火、風耳，結而成身，以為神宅」。「四大」就是地、水、火、風這四大物質，構成人身，給人的元神當居宅。

《最勝王經》卷五也說：「譬如機關由業轉，地、水、火、風共成身」。四大物質各自有堅、濕、暖、動的性能與合構成了人身，所以「四大」也用作人身的一種代稱。佛家講「四大皆空」，主要在提醒人：這四大物質元素卻又不是真我──「身中四大，各自有名，都無我者」，這是「四大皆空」的一層含意。不僅人身四大空，構成一切萬物的元素，都不是真實的，地、水、火、風「四大」皆是空幻的，「四大」構成的事物本體、本質並非像我們的肉眼所見的物質分子現象，這也是「四大皆空」另一層含意。人身脫離了「四大」構成的皮囊(ㄋㄤˊ)，人此生此世在世間的安宅不在了，人走了，然而人的元神卻未死亡，還要繼續輪迴生的旅程。佛家啟悟人，生命的意義就是要返本歸真，修去敗壞本性的「私」，才能脫離業報和無盡的輪迴之苦。「四大皆空」啟悟人洞徹物質的虛「有」假象，走向生命的修行返真的起點。宋代釋印肅（1115-1169，六歲出家，二十七歲落髮，高宗紹興二十三年，主慈化寺，孝宗乾道二年始營梵宇）《證道歌》其二十九醒人：

諸行無常一切空，一切空處合元宗。

如如莫作身邊見，法界無他一性同。

看空一切物質假象，才能讓生命回升，返回元神最好的始初狀態。執著於色身的慾望需求，執著於名、利、情的追索，即使得的再多，脫離了「四大」一切都空！反倒是在追索過程中，為私為我算盡心機，造下種種惡業，結果讓真我（元神）墮入生生世世的輪迴中承受業報。要擺脫輪迴業報，就從分辨假象和真我開始去悟道。「四大空」也可以用作放大四大，勘破人身、萬物的物質表象，勘破後天的觀念執著和名、利、情，要回到永生的純真境界。

六、**人所以能生存，就是因爲「四大」**的地、水、火、風和合，若身體有一大不調，就會呈現病相。這「四大」和合，一息不停地變化，根本沒有獨存性、不變性與實在性，只是「假有」，暫時的有，空幻而不真實，一旦和合的關係結束了，身體也就隨之死亡、朽壞、消失。「四大」（四界），即物質界的四種特性：

色蘊

- 地大：以堅硬為性，能支持萬物，不使墜落，有任持的用，如一個人，骨骼肌肉等是。
- 水大：以潮濕為性，能收攝萬物，不使散溢，有攝持的用，如血汗、唾液、血液、尿液等是。
- 火大：以溫暖為性，能成熟萬物，有成熟的用，如暖氣、體溫等是。
- 風大：以流動為性，能生長萬物，調節暢通，有增長的用，如呼吸、氣等是。

參、本體分

‧闡述空相的含義‧

〔經文〕

舍利子！是諸法空相①，不生不滅②，不垢不淨③，不增不減④。

〔詮釋〕

舍利弗！世間的一切萬法，在這些五蘊等諸佛法中，是因緣契和而生，並無「自有、常有、獨有」的自性，其實相是空性的。本來沒有所謂緣聚為生，緣盡為滅；不因被惡的因緣所染變為垢，亦不為善的因緣所洗煉而成淨，也不是覺悟時為增，迷惑時為減的虛妄之相。

〔註解〕

①諸法空相：意指一切法都是沒有自性的、無常的、虛幻的、不真實的。「空相」不是指空，更不是有，而是空所顯的真實相。空相可稱為有相，有所顯的實相叫有相。實相可以通過空來顯，或依有來顯，但實相本身卻是非空非有。

②不生不滅：從「體」來看，事物的存在，生是生起，是有，存在；滅是滅卻，是無，不存在，都是超越存在與否的相對概念。它本自「不生」，不是在般若照見之後始生；它本自「不滅」，也不是在般若照見之前是斷滅的。

③不垢不淨：從「質」來看，事物的性質，垢是污染、污穢；淨是清淨、乾淨，都是超越性質的相對概念。真如本性亦非可染使其「垢」，可治使其「淨」，萬物的垢淨之別，都是因人心分別而起。

④不增不減：從「量」來看，事物的數量，「增」就是數量增多，「減」就是數量減少，都是超越數量的相對概念。自性本自圓滿，不會因為修證之後有「增」，未修之前有「減」，所有眾生其自性相同，此

即所謂「在聖不增，在凡不滅」的道理。

〔佛法智慧〕

一、諸法，爲一切存有的集合，涵蓋世間法與出世間法。世間法，指世間的所有事物和現象；出世間則是相對於世間而言，指超出五蘊、生死世間，是一處沒有煩惱的境界。出世間法，指苦的止息，達到不生不滅之境界，即「涅槃解脫」。所謂生、滅是我們一個幻象，「生」的現象是在因緣條件下，不斷變化之後所形成的生，根本沒有固定不變的生。至於「滅」也是因緣變化中的滅，根本沒有「滅」可得。沒有一個主體性，不生的緣故，所以不可滅，只是因緣在虛幻中存有的現象，它的根本都是空的，因此，一切「不生不滅」。「不垢不淨」就是萬物的本性是空的，「垢淨」不過是虛有其名而已，所存在是空的，既然空，那就無所謂垢淨了。在佛經上有云：「在佛不增，在眾生不滅」，可以說一切諸佛廣度一切眾生，教育眾生成佛，而「眾生界不增不減，諸佛界也是不增不減」。在整個觀行中，從斷除增減的對待，到諸佛不可得、佛法亦不可得的無所得境界。

二、**《心經》以否定的方式來解釋空相，這是一體兩面**，如果無法直接以肯定的方式處理，就以否定行之，把所有不是都去掉，《心經》中以「六不」來處理；龍樹（150-250，南印度婆羅門種姓，大乘佛學的創始人）《中論》記載則以「八不」來處理，即「不生亦不滅、不常亦不斷、不一亦不異、不來亦不出」。六「不」分別組成三對，即不生不滅、不垢不淨、不增不減，都是描述空的狀態概念，自然沒有生、滅、垢、淨、增、減的活動。而這生、滅、常、斷、一、異、來、去，是八迷，都是肯定物的固定性，偏於一方的偏見，不契合於諸法的真相，要打破這八迷而提出八不。首先從「不生、不滅」思惟，擴展到八不，其生、滅、常、斷、一、異、來、去，都是空相。用「不」來否定世俗的八種邪執，以彰顯無得中道的實義，所以稱八不中道。

三、**「諸法」是指存在、現象，也稱爲萬法，指五蘊諸法**，也包括一切佛法，也就是天地間的萬事萬物，即因五蘊而生的一切相待而有者。「空相」又名「真如實相」，是佛教修行的最高境界，即佛陀所能證得的境界。佛典中「相」與「性」沒有嚴格區別，常常通用，如實相、實性更是互用頻繁。世間萬物都是四大因緣和合而成，無自性，其他四蘊也是隨色蘊而產生的幻相。「空相」並不是說世間一切沒有相，而是說它們的相都是不真實的。佛教中對於真實、虛假的定義是：永恒不變的就是真實，一切會發生變化的則是虛假，不論其速度是快還是慢。宇宙星球、山河大地看似永恆，實則變化，只是速度比較緩慢而已。科學家證實，太陽系也有毀滅的一天。人也不例外，生老病死，分秒在變化。世人不懂「諸法空相」，而執著於「諸法虛相」，進而對一切物質產生執迷，這是眾生無明的根本。由無明而產生的見聞覺知，就是種種妄心，妄心又生起諸多妄念，因而產生無盡的煩惱，飽受六道輪迴之苦。因此，觀自在菩薩在這裡告訴眾生，一切法的本來面目就是空相，空相才是一切法的實相。只有從源頭上斬斷煩惱之根，才有可能脫離生死的苦海。其實，生死也是「諸法」的一種，也是空的。《安心論》中說：「過去佛說一切法，亦畢竟空；未來佛說一切法，亦畢竟空；現在佛說一切法，亦畢竟空」。

諸法空相

- **諸法**
  - 泛指世間一切法
  - 世界上一切存在的現象
  - 一切法是以無自性為自性，自性即是無自性的
  - 沒有自性的、無常的、虛幻的、不真實的
- **空相**
  - 意指真空實相
  - 以外在的一切境來觀察
  - 將依報、正報的世界，都攝取在空性當中

四、何謂「不生不滅」呢？這是就事物本體存在與否而言。世人常見色蘊、受蘊、想蘊、行蘊、識蘊諸法的實體或現象，就認為諸法都是實有的，諸法有生，有生就會有滅。但眾生若能照見五蘊皆空，明瞭「緣起性空」的道理，就能破除所有存在的本質都是固

定不變、有實體的「法執」，並打破人類本質是固定不變、有實體的「我執」。眾生一旦參透「諸法皆空」之理，就能悟得一切不生、一切不滅。

何謂「不垢不淨」呢？這是就事物性質好壞而言。當人心被煩惱覆蓋、污染時，眾生就會認為事物不潔淨；當心中的煩惱消失時，眾生則會認為事物回復潔淨的本質了。但事實上，事物的本質一直都沒有改變，而是人心有無被遮蔽罷了。萬物就像是一面明鏡，當它碰到灰塵、污穢時，就會照出灰塵、污穢的垢相；當它碰到莊嚴、美麗的事物時，就會照出莊嚴、美麗的淨相。但是明鏡本身並無垢淨之別，當眾生體認諸法皆空時，就能明白一切本質無垢、也無淨，這些概念都只是虛妄的幻相而已。

何謂「不增不減」呢？這是就事物數量多少而言。當月亮升起，映照在江河面上，一江一月，千江就有千月，此時，月亮的數量看似增加了，但在天空中的明月仍是只有一個。以此例可以明白，月亮數量的增加只是幻相，其本身卻無所損益。

「不生、不滅、不垢、不淨、不增、不減」概括了現象界中一切變化，即生是存在，滅是消逝，不生不滅就是超越「存在否」的概念；垢是污染，淨是純淨，不垢不淨就是超越「性質」的概念；

增是增加，減是減少，不增不減，就是超越「數量」的概念。而諸法雖有其名，但因其本質皆空，所以一切皆不可得、不可求。既然一切皆空，當然也就沒有生滅、垢淨和增減了。

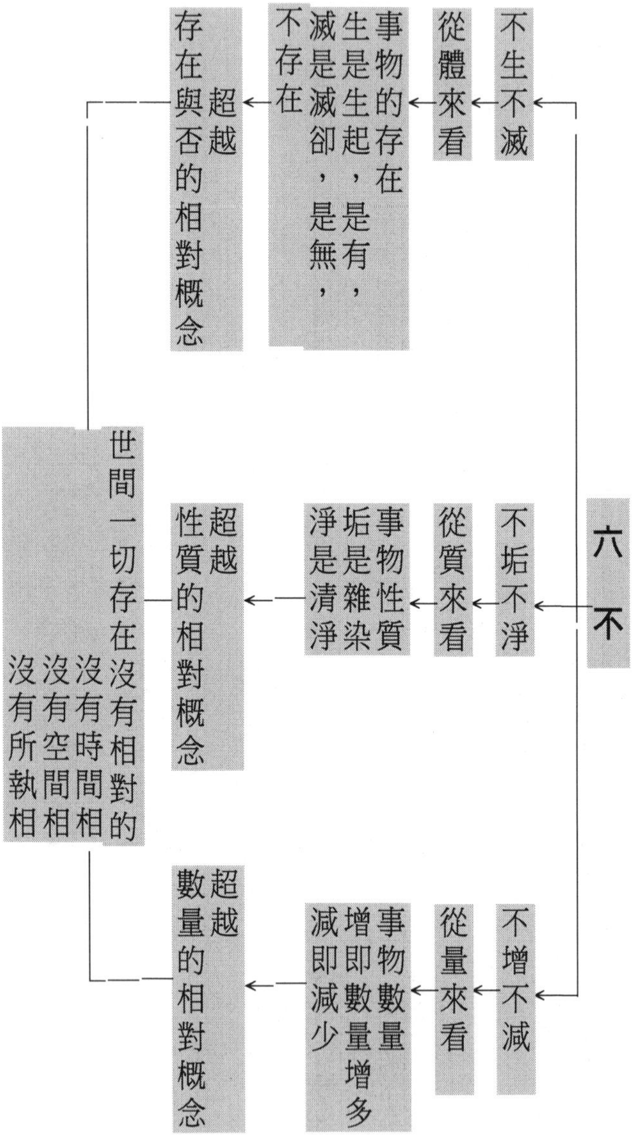

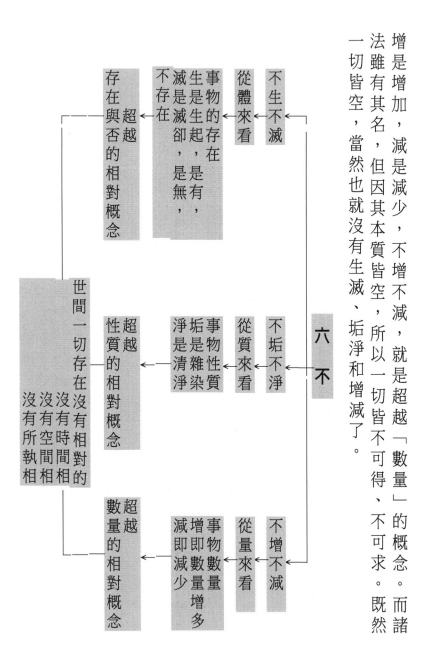

五、**佛陀應化世間，就是要開啓衆生的清淨自性**，而這清淨自性的特性，六祖惠能（638—713，又作慧能，世稱禪宗六祖）說得很透徹，他聽到「應無所住而生其心」之後，悟到「一切萬法不離自性」，說出這一偈：「何期自性本自清淨！何期自性本不生滅！何期自性本自具足！何期自性本無動搖！何期自性能生萬法！」自性也就是佛性，人人本有，它本來清淨、不生不滅、一切圓滿具足，不曾受外境動搖，而且能生起萬法，也就是空生妙有。惠能所說的正是契合《心經》的是「諸法空相，不生不滅、不垢不淨、不增不減」。

六、**惠能**（638—713），**又作慧能，俗姓盧**，祖籍河北范陽，生於廣東新興縣，漢傳佛教禪門南宗祖師，與北宗神秀大師分庭抗禮，世稱禪宗六祖，史學家陳寅恪（1890—1969，通曉二十餘種語言，曾獲選中研院院士）讚其：「特提出直指人心、見性成佛之旨，一掃僧徒繁瑣章句之學，摧陷廓清，發聾振聵(ㄎㄨㄟˋ)，固我國佛教史上一大事也」。其弟子衆多，嗣法四十三人，度化四十二人。

惠能的禪法以定、慧為本，認為覺性本有，煩惱本無，直接契證覺性，便是頓悟。他說自心既不攀緣善惡，也不可沉空守寂，即須廣學多聞，識自本心，達諸佛理。他並不以靜坐斂心才算是禪，就是一切時中行住坐臥動作均是，也可體會禪的境界。又曰：「先立無念為宗，佛法在世間，不離世間覺」。所謂無念，即雖有見聞覺知，而心常空寂之意。自心皈依自性，是皈依真佛。自皈依者，除卻自性中不善心、嫉妒心、諂曲心、吾我心、誑妄心、輕人心、慢他心、邪見心、貢高心及一切時中不善之行，常自見己過，不說他人好惡，是自皈依。常須下心，普行恭敬，即是見性通達，更無滯礙，是自皈依。他對「戒、定、慧」解說：「心地無非自性戒、心地無亂自性定、心地無痴自性慧」。他有名的偈語：「菩提本無樹，明鏡亦非台。本來無一物，何處惹塵埃」。

禪宗從達摩始百餘年間皆以《楞伽經》相印證，故亦稱為楞伽師。達摩（為南天竺人或波斯人，將佛教禪宗帶入中國）的三傳弟子道信開始兼以《金剛經》等經為典據，到了惠能即以文句簡單的

《金剛經》義代替了《楞伽經》，其目的在於擺脫名相煩瑣的思想束縛，而單刀直入求得開悟。惠能圓寂後，其弟子將他經歷和言論整理成《六祖壇經》，簡稱《壇經》，是禪宗的經典。中土禪宗傳法世系表：

中土禪宗傳法世系表

創祖達摩（483—540）
→ 二祖慧可（487—593）
→ 三祖僧璨（519—606）
→ 四祖道信（581—652）
→ 五祖弘忍（601—674）
→ 六祖惠能（638—713）

〔經文〕

是故空中無色，無受、想、行、識①。無眼、耳、鼻、舌、身、意②；無色、聲、香、味、觸、法③；無眼界④，乃至無意識界⑤。

〔詮譯〕

因此，這在空的狀態中，沒有物質色身的存在，也沒有感受、思想、意志和意識等精神現象的存在。沒有作為認知活動的眼、耳、鼻、舌、身、意的意識界現象本質；也不存在那六塵認識官能的色、聲、香、味、觸、法外境現象的存在；沒有能見之眼根，乃至於沒有意識界現象本質。

〔註解〕

①空中無色，無受、想、行、識：在萬物空性狀態中，物質現象是假有，感覺（受）、概念（想）、意志（行）、了別（識）等心理活動，也都是假有。「無」是一種假有，是妙有非有的。

②眼、耳、鼻、舌、身、意：統稱為「六根」，又作「六情」，指人的六種感覺器官或認識能力。眼根，視覺器官及其能力；耳根，聽覺器官及其能力；鼻根，嗅覺器官及其能力；舌根，味覺器官及其能力；身根，觸覺器官及其能力；意根，思惟器官及其能力。前五種稱「五根」，乃物質上存在之色法，即色根。意根為心之所依生起生理作用之心法，即無色根。

③色、聲、香、味、觸、法：統稱為「六塵」，又作「六賊」。色塵即眼所見的一切對象，眼根對於色塵而生眼識；聲塵即耳所聞的一切對象，耳根對於聲境而生耳識；香塵即鼻所嗅的一切對象，鼻根對於香境而生鼻識；味塵即舌所嘗的一切對象，舌根對於味境而生舌識；觸塵即身所覺觸的一切對象，身根對於觸境而生身識；法塵即意所緣的一切對象，意根對於法境而生意識。此「六塵」猶如盜賊，劫奪一切之善法，致使凡夫原本清淨的本性，造出種種業障。

④眼界：這裡的「界」是範圍、界限區別、種類的意思。佛教認為，界本是靈明真性的作用，是完全可以通用。即修行到十八界皆空的

狀態下，只是因凡夫住相，所以無法通用。《阿毘達磨大毘婆沙論》解釋「界」，是具有特性的不同質素，有因素、自性、類性等意思。

⑤意識界：在十八界中，由六識之意識所產生的境界。即眼等六根成六界，色等六塵成六界，眼識到意識是六識成六界，這六根、六塵、六識就稱為十八界。觀十八界成功時，實際體驗所受的果報是空的，所造的善業惡業也是空的。

〔佛法智慧〕

一、**《心經》先是綜合解釋身心，稱爲五蘊**，再把五蘊分開解釋：色是物質方面，分作內、外兩大類，內部叫「六根」，外部叫「六塵」；精神方面總和四蘊為六識，六根、六塵的身體及所處的環境，加上心理和精神活動的六識，共計十八界。在《楞嚴經》中，共有二十五位大菩薩，每一位都代表著一種修行的法門，其中就有七大、六根、六塵、六識。這二十五個法門，修行任何一種法門，都能得到解脫，修成大菩薩道。

二、**「根」是生理的作用；「識」是心理的作用**；「塵」是物理的作用。

所以，六根，講的是身體也是生理的；六識，講的是心理的；六塵，講的是物理的。六根和六塵結合在一起，叫作「十二處」。「處」是一切法的分類，一切物質的分類。把六根、六塵、六識統合聚起，叫作「十八界」。每一種物質都有它的界限，自然而然六根、六塵、六識彼此亦就有界限，不可混為一談。

三、十八界是以人的認識爲中心，對世界一切現象和事物所作的分類。具體是：眼界、耳界、鼻界、舌界、身界、意界；色界、聲界、香界、味界、觸界、法界；眼識界、耳識界、鼻識界、舌識界、身識界、意識界。前六界是六根，是人類的認識功能；中六界是六塵，是人類的認識對象；後六界是六識，是人類的認識感受。十八界是一切不善法的根本，是一切苦厄煩惱的源頭。世界上的一切事物都是這十八界相互作用變化，互為因果無限交織而成。眾生執著於自己的六根、六塵、六識，而陷入這十八界中，永遠在六道輪迴流轉。十八界，遮蓋了凡人的清淨心，只有當十八界皆空時，真心本性才能顯現，就如同《金剛經》所說「凡所有相，皆是虛妄」。

四、阿毘(ㄆㄧˊ)達磨，梵語 Abhidharma，意譯爲「無比法」、「對法」、「大法」，佛教著作分類之一，為論書的一種，結集為論藏，收入三藏之中。它通常是針對修多羅（經書）中的觀點，進行統整與探討。佛世時已有阿毘達磨這種用來解釋、分別經藏的分析方法。「無比」是佛法相對於世間法而言。在《大毘婆沙論》中，阿毘達磨為「分別諸法自相共相」之「依增上慧論道」，是與戒律和契經相對而言的專門著作。《阿毘達磨大毘婆沙論》，佛教論書，約在西元一五〇年前後，在迦濕彌羅國，即現今喀什米爾，編著而成。迦濕彌羅的論師，尊奉《大毘婆沙論》，被稱為毘婆沙宗，在他們努力之下，也因此成為說一切有部的最高論書。

五、在空性的本體之中，沒有五蘊法、十二入法、十八界法。用意是要告訴小乘弟子們破除凡夫的我相之後，不要執著於小乘的無我相。在《阿含經》（其內容多為當時佛陀與門徒、王公及異教人士等的言談，為最接近佛時代的記錄）中，佛陀告訴弟子，五蘊如實知、如實斷，六入處如實知、如實斷，十八界如實知、如實斷。進一步了知五蘊法、六入觸法、十八界法皆空，了不可得。

十八界

六根 人的認識功能	六塵 人的認識對象	六識 人的認識感受
眼界：能見之根	色界：眼所見一切色境	眼識界：依眼根而能見色之識
耳界：能聞之根	聲界：耳所聞一切音聲	耳識界：依耳根能聞諸聲之識
鼻界：能嗅之根	香界：鼻所嗅一切香氣	鼻識界：依鼻根能嗅諸香之識
舌界：能嘗味之根	味界：舌所嘗一切諸味	舌識界：依舌根能嘗諸味之識
身界：能覺觸之根	觸界：身所覺冷暖細滑等觸名	身識界：依身根能覺諸觸之識
意界：能知法之根	法界：意所知一切諸法	意識界：依意根而能分引一切法相之識

一切不善法的根本　一切苦厄煩惱的源頭

六、從「五蘊皆空」走向「空中無五蘊」，兩者的體會有所差別：

(1)人類觀的層面是「五蘊皆空」，五蘊構成的現象是空的。這點小乘聖者已能有深刻的體認，他們知道五蘊的無常、苦、空，因此，急著要離開五蘊法的世界。這就如同知道酒色欲望的可怕，於是認真遠離酒色欲望，但心中依然存在著念頭，並未完全放下，不能算是真正的解脫。透由捨離五欲而獲得的空性體悟不算究竟，只能稱為偏空。

(2)宇宙觀的層面是「空中無五蘊」，既然五蘊是假有，就無須害怕五蘊，也不用逃避五蘊，更不會執著於五蘊。人類觀的「五蘊皆空」是小乘聖者追求的境界；宇宙觀的「空中無五蘊」則看透此點，超越了害怕、逃避與執著的限制。菩薩乘所體悟的空性，就是這種更為完整、更為究竟的空性體認，它超越小乘的偏空，這樣的空性體悟稱為畢竟空。在這種無懼於五蘊之苦，生生世世留在世間關懷幫助眾生，是偉大的菩薩道。從人類觀到宇宙觀的空性概念：

人類觀的空性

五蘊皆空

色不異空，空不異色；
色即是空，空即是色；
受、想、行、識，亦復如是。

宇宙觀的空性

空中無五蘊

是諸法空相，
不生不滅，
不垢不淨，
不增不減。

宇宙間的萬法

三科

- 五蘊：色、受、想、行、識
- 十二處：眼、耳、鼻、舌、身、意、色、聲、香、味、觸、法。
- 十八界：眼界乃至意識界

七、**五蘊法是透由物質層面與心理層面來分析**，前者代表色法，後者代表心法。色法對應色蘊，心法對應受、想、行、識等四蘊。至於十二處談的都是物質層面，由圖解可看出由「色蘊」延展至「十二處」。《心經》文中所說的「無眼、耳、鼻、舌、身、意，無色、聲、香、味、觸、法」，便是藉由十二處皆非實有，再次解釋了「空無自性」的道理。五蘊與十二處的關係：

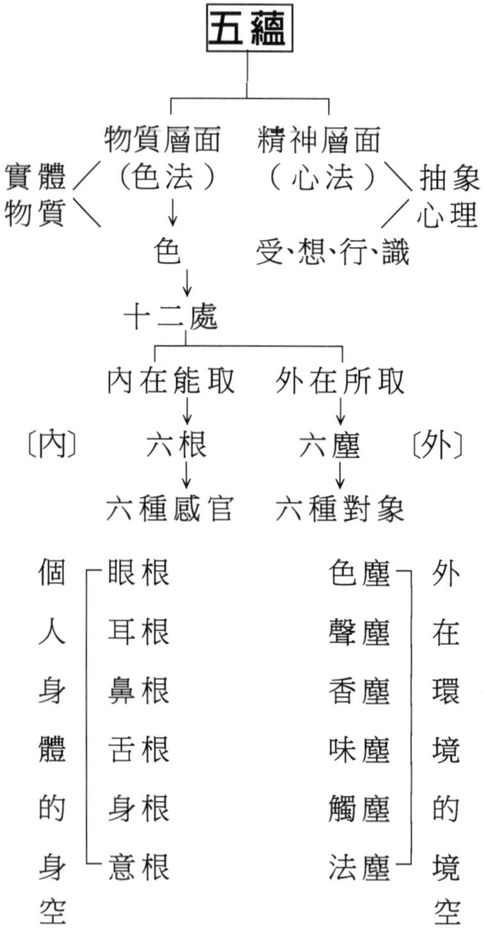

肆、法用分

•依照諸法空相破除執見•

〔經文〕

無無明①，亦無無明盡②，乃至無老死③，亦無老死盡。

無苦、集、滅、道④。無智亦無得⑤。

〔詮釋〕

沒有過去世中一切苦與煩惱的無明至老死生起相，也沒有未來世的無名至老死的滅盡相，體認知苦、斷集、修道、證滅等四諦是空的，達到真正的自在與解脫，顯現菩薩般若智慧的體驗，破除對「得」的執著，這是《心經》最終目的。

〔註解〕

①無明：就是不明，是指無法認識現象的真實性而生起的愚痴，它是十二因緣中的第一因緣，也是一切煩惱的根源。有了無明，才有一連串的十二因緣。

②無明盡：「盡」是完結、終止、滅的意思，「無明盡」即是指「無明滅」，只要無明滅則行滅，行滅則識滅，生滅則老死滅。

③老死：十二因緣的第十二因緣，為年老與死亡的組合。意指輪迴之中，由出生直至生命結束所經歷的一切。

④苦、集、滅、道：這四諦是佛法的總綱，佛陀在鹿野苑首次說法及入滅前的教誡，都不出這四諦。「諦」的意思是真實不虛，是四種真理，也稱為「四聖諦」。「苦諦」是結果，「集諦」是原因，「滅諦」是結果，「道諦」是原因，苦、集要捨棄，滅、道應取應行。

⑤無智亦無得：「智」即是「般若」，亦即是智慧、能知的妙智。「智」為能求的心；「得」為所證的佛果或者所求的境界。能空諸法之智

與空智所得之法空，二者其不可得，便是無智亦無得。

〔佛法智慧〕

一、十二因緣是講人生死的法則，人的生命總共有十二個階段。造成因果發生關係的是「緣」，而果是緣於「因」，所以稱為因緣關係。十二因緣就是無明緣行、行緣識、識緣名色、名色緣六入、六入緣觸、觸緣受、受緣愛、愛緣取、取緣有及有緣生、生緣老死。前三者無明、行、識屬於過去式，中間七個屬於現在式，最後兩個生和老死屬於未來式。十二因緣即包括：無明、行、識、名色、六入、觸、受、愛、取、有、生、老死。由起始的「無明」一直到「老死」，共有十二個互相依存的因果關係。如何終止十二因緣，出生死輪迴，藏傳佛教的「六道輪迴圖」描繪出問題的答案。

「六道」分別是：

(1)天道：天人們享受著幸福且長壽的生活，憑藉過去世中行善的業力，一旦福報用盡，仍得往下五道沉淪。

(2)阿修羅道：因嫉妒天人，常與天人征戰。

(3)人道：眾生須承受各種苦樂與生老病死的折磨，卻只擁有改善生命的機會。

(4)餓鬼道：飢餓是其痛苦的原因，有大肚皮和胃口，喉嚨卻很窄小，只要一吃食，喉嚨就灼燒到胃。

(5)地獄道：因造惡業而承受各種折磨，有十八層地獄苦刑。

(6)畜牲道：這裡的眾生存在目的，只為了供應其他眾生使用。

十二因緣流轉不斷，是人生煩惱、六道輪迴的根源。由於無明是一切痛苦的根源，只要我們破除無明，就不再被十二因緣所束縛，進而跳出六道輪迴，擺脫無休止的生死循環，這也是我們參悟十二因緣目的。

二、**追根究底**，無明是生死流轉的根源，所以要了生死，即須破除無明。無明若滅，其後相續而起之因緣亦隨之而滅。所謂無明滅則行滅，行滅則識滅，識滅則名色滅，名色滅則六入滅，六入滅則觸滅，觸滅則受滅，受滅則愛滅，愛滅則取滅，取滅則有滅，有滅則生滅，生滅則老死滅。此乃行者欲逆生死流、得證解脫聖道所修，故稱「十二因緣聖道還滅門」，屬於聖者的境界。

十二因緣其實也是四諦法，無明、行、愛、取、有，此五者合為集諦；識、名色、六入、觸、受、生、老死，此七者合為苦諦；觀因緣智為道諦；十二支滅為滅諦。又流轉門為苦集二諦，還滅門為道滅二諦。無無明到無老死是空流轉門，無無明盡到無老死盡是空還滅門。凡夫眾生流轉生死，都是由這「十二法」緣起的。

〔一〕無明：是不明，就是煩惱，也叫惑、迷惑，「無明緣行」。

〔二〕行：是造作，就是造業，叫做行為、行動。無明和行二個緣，是過去世所作的因。過去由無明造業，造業就是由行造的。到了今生，「行緣識」。

〔三〕識：就是最初投入母胎的那個神識，「識緣名色」。

〔四〕名色：就是投到母胎裡面有心、有身體。名指心，心是無形無相的法，所以只有其名。色是投入母親肚子裡生了一個胎，就有了色法身體，合起來叫名色，「名色緣六入」。

〔五〕六入：就是六根。六根是六塵涉入之處，這時候雖然還未出胎對著六塵，但已經有涉入六塵的功能。六根：眼、耳、鼻、舌、身、意，在母親肚子裡已經長成了，「六入緣觸」。

〔六〕觸：小孩子在母親肚子裡十個月出胎，一直到三、四歲的時候，開始接觸外境，但是還分不太清楚，「觸緣受」。

〔七〕受：小孩子由五、六歲，長到十二、三歲，知道受樂、受苦，有領納外境的功能，「受緣愛」。

從投胎的識、名色、六入、觸，到受，這五個法，都是由過去無明緣行兩個因，今生今世得到的果報法。

〔八〕愛：是貪愛，小孩子從十五、六歲，到十八、九歲，就動了貪愛心，他已能領納苦樂之境，他不願受苦，願意受樂，於是貪愛受樂，「愛緣取」。

〔九〕取：是取得，就是貪得為己所有，既然貪愛，一定要取得。這是到了二十歲以後，對於可愛的境界，要取為己有，「取緣有」。

〔十〕有：有後有，有，是有生、有死、有因、有果。這個有，單指著未來的果報法，「有緣生」。愛、取、有三法，是現在世所作的因，現在世愛而取，取而有，造了未來世所受的果。

〔十一〕生：是受生，就是來世決定受生，「生緣老死」。

〔十二〕老死：是衰壞，受生一定有老，有死。生和老死，是未來世所受的果，以上三世因果，輪迴不息，叫十二因緣。

凡夫由十二因緣，而流轉生死，叫流轉門。緣覺聖人學了佛法，厭離生死，就是觀察十二因緣。眾生為何會流轉生死？一個一個推上去，就是最初有無明，所以要把無明滅掉。於是無明滅則行滅，行滅則識滅，往下逐一滅，乃至生滅則老死滅，他就證得緣覺果。這是緣覺聖人，觀察十二因緣流轉生死之法，回過頭來把它滅掉，這叫還滅門，流轉還滅。

十二因緣流轉不斷，是人生煩惱、六道輪迴的根源。若要跳出六道輪迴，了脫生死的此岸，就必須打破十二因緣的流轉。只要滅其一處，其他處則隨之而滅。這是緣覺，也就是小乘境界的法執，亦稱法我。《金剛經》中說：「如來所說法，皆不可取、不可說、非法、非非法」。法我是一種法相，也是不可取的，是空性的，

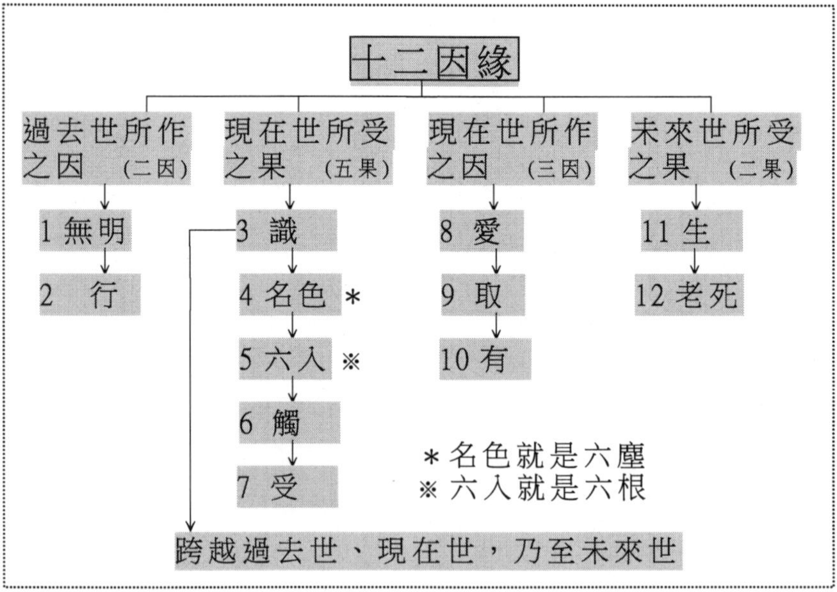

應該破除。所以《心經》在此說到十二因緣皆空。十二因緣依因果的法則而呈現生死輪迴的相狀。它是無自性的，所以沒有無明至老死的生起相，也沒有無明至老死的滅盡相。十二因緣是指十二個階段，說明人的生命是從何而來，從何而去。每個階段都是一個果，但又連接著「前因」與「後果」。這種因果的關係，就是緣。造成因果發生關係的是「緣」，而果是緣於「因」，所以稱為因緣關係。人的生命總共有十二個階段，故稱十二因緣：

三、**四諦是指苦、集、滅、道四眞理**。諦是真實不虛之意，這四個真實不虛的道理是聖人宣說的，所以稱之為四聖諦。四諦是佛陀在鹿野苑向五比丘的說法，也是佛陀第一次的說法，主要包括了苦諦、集諦、滅諦、道諦。「苦諦」指出了人生的本質是痛苦的，除了生苦、老苦、病苦、死苦這四種苦果之外，還有怨憎會苦、愛別離苦、求不得苦、五蘊熾盛苦，這就是佛家所說的八苦。「集諦」就是集合眾生遭受種種苦果的原因和理由。眾生痛苦的根源是渴愛，渴愛的核心是由無明產生的妄想，進而也就有了生死輪迴的苦難。「滅諦」指的就是永遠斷絕人世之苦，從種種苦難中得到解脫，也就是佛家所說的涅槃。「道諦」指的是消除人生之苦的途徑，主要分為八種，即八正道：正見、正思惟、正語、正業、正命、正精進、正念及正定。由於四聖諦是釋迦牟尼對人生的基本看法，透過四聖諦為我們解釋了眾生，生死流轉的道理，因而四諦也成為「根本佛法」之一。

四諦法門，是佛陀對聲聞乘人說的。佛陀當初對五比丘轉四諦法輪時說：「此是苦汝應知，此是集汝應斷，此是滅汝應證，此是道汝應修」。因此，聲聞對四諦法門的修行是：知苦、斷集、證滅與修道。也就是有苦可知，有集可斷，有滅可證，有道可修這是聲聞的境界。而《心經》是以般若智慧來觀照四諦法。「無苦、集、滅、道」，是說四諦法門也是無自性的。苦、集、滅、道就如同五蘊、六根、六塵、六識、十二因緣一樣。

聖嚴法師對這段經文的解釋是：「了解苦、集、滅、道的意義，觀照苦、集、滅、道的道理，超越苦、集、滅、道的範圍」，也就是先認識和了解四聖諦，繼而觀照與體悟四聖諦，最終超越四聖諦。「無」並非推翻，而是「超越」，是理解《心經》空性概念關鍵中的關鍵。苦諦是結果，集諦是原因，滅諦是結果，道諦是原因。苦、集應該捨棄，滅、道應取應行。苦、集二諦闡明有漏的世間因果，滅、道二諦闡明清淨的出世間因果。《中論》卷四：「以無四諦故，見苦與斷集，證滅及修道，如是事皆無或作四聖諦」。四諦之間的因果關係如下：

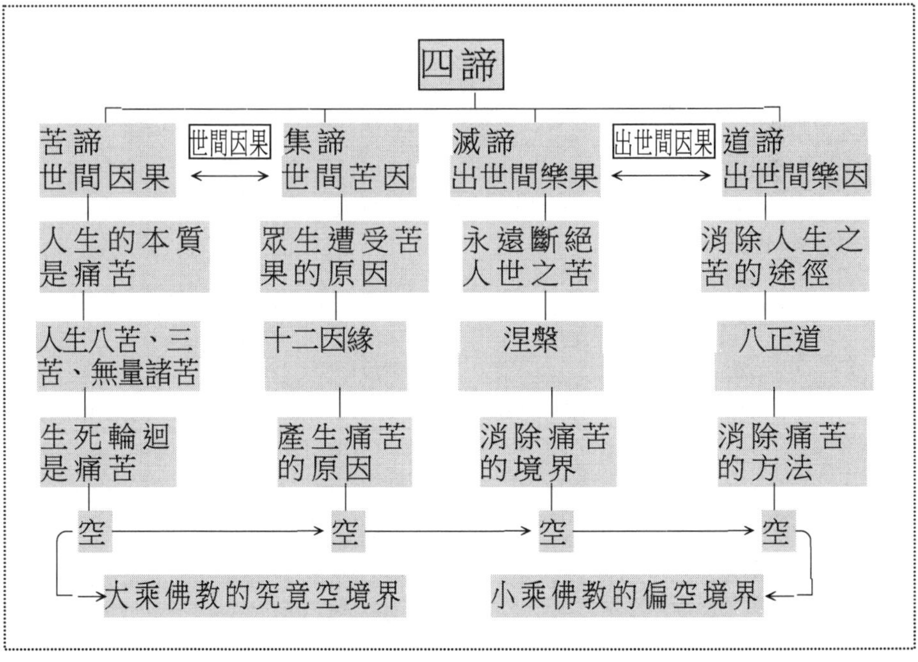

四、由於修行者對於「智」和「得」存在求取之心，也就是一種執著心。《心經》在此告訴我們「無智亦無得」，妙智慧也好，阿耨多羅三藐三菩提的境界也罷，都是虛空的，並沒有得與不得可言。在凡人來看，修行到了菩薩境界，必然獲得非凡智慧；而在菩薩看來，反觀自己之所以成就菩薩果，不過是還原了本來的清淨心，並沒有證得什麼果、得什麼大智慧，這是無所得的。凡人都有原本的清淨心，不過是眾生迷惑不自知，菩薩了悟返本歸真。修佛之路就是祛除妄念、恢復本心的過程。一切的智慧和佛果就在人們的心中，不要執著而向心外求。

「無智」是觀自在菩薩照見五蘊皆空後，對於般若的最高體驗；「無得」則是對所證境界的反觀感受。「無智亦無得」的境界才是真知真得的境界。這與《金剛經》中「無有定法名阿耨多羅三藐三菩提，亦無有定法如來可說」的含義相同。「無智亦無得」是空性概念

真正的「智」與「得」

無智 「無智」顯現菩薩對般若最高的體驗。對大乘的菩薩而言，自在解脫，既無四諦（無苦、集、滅、道），當然也無需無漏智，這就是無智的概念。

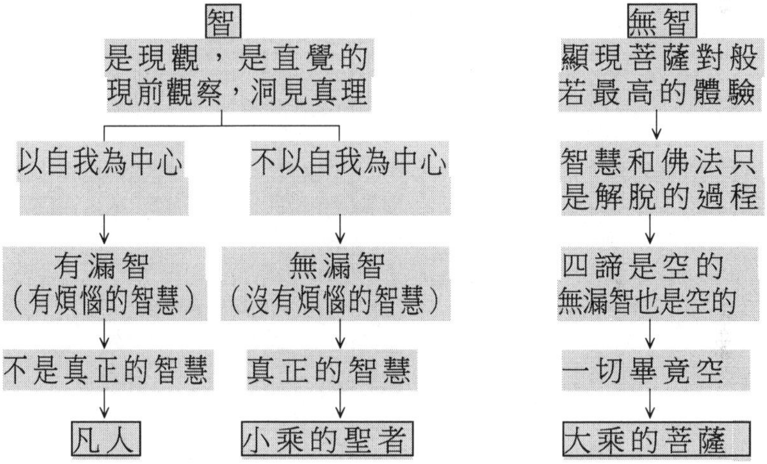

無得 「無得」是佛菩薩的體悟境界。就像一個有成就的人，不會自以為很有非凡。證得佛果的人，覺得獲果位只不過是過程與經驗，根本不會在乎它與執著它。真正達到自在與解脫的時候，就會發現智與得也可以拋開，這就是「無智亦無得」真正意義。

的總結。在前述空性之中，無五蘊、十八界、十二因緣、四諦，這一連串的「無」，是在闡述去除法執，脫離理論的執著。直到「無智亦無得」，此句重點則是去除對概念名相的執著，是《心經》的最終目的。

五、當初佛陀第一次向人間宣佈眞理，就是講「苦、集、滅、道」，無論小乘佛法或大乘佛法，都是從苦、集、滅、道引開來。所謂「三轉十二法輪」，佛陀的教育不帶神奇怪異，其中有程序、有歸類與有法則。「此是苦，逼迫性；此是集，招感性；此是滅，可證性；此是道，可修性」，這是示相轉；「此是苦，汝應修；此是集，汝應斷；此是滅，汝應證；此是道，汝應修」，這是勸修轉；「此是苦，我已知；此是集，我已斷；此是滅，我已證；此是道，我已修」，這是作證轉。

伍、果德分

•彰顯心經修行的功德•

〔經文〕

以無所得故，菩提薩埵①，依般若波羅蜜多故，心無罣礙②；無罣礙故，無有恐怖③，遠離顛倒夢想④，究竟涅槃⑤。

〔詮釋〕

沒有任何所得的緣故，依著智慧圓滿，證得空性，就能到達解脫的彼岸。超越一切苦，內心了無任何煩惱執障，心中清淨無礙，沒有罣礙的緣故，也不再有恐怖畏懼，因而超越一切虛幻不實的顛倒夢想，逐漸邁向完美的成佛境界。

〔註解〕

①菩提薩埵：即菩薩，是梵語 **bodhisattva** 的音譯，意為「覺有情」，就是「覺悟的有情」。又作「菩提索多」、「菩提索埵」、「摩訶菩提質帝薩埵」等。「菩提」有覺、智、道之意；「薩埵」有眾生、有情之意。菩薩有上求菩提（自利）、下化眾生（利他）兩種任務，修諸波羅蜜多行，將來可成佛之大心眾生。

②心無罣礙：「罣」是牽掛、被牽絆之意，被俗世的各種煩惱所牽絆，真心被蒙蔽，得不到自由；「礙」是妨礙、被阻礙之意，因執著於事物，得不到正道，不能前進。

③無罣礙故，無有恐怖：菩薩因遠離煩惱執障，心中清淨無礙，不怖畏生死，也就沒有任何恐怖。未得到的，想追求；已得到的，又擔心失去，於是患得患失，驚恐害怕，始終在煩惱之中打轉。在追求佛法過程上，因我執、法執而患得患失，也是如此。

④顛倒夢想：「顛倒」是指一切不合理的思想與行為，其根本是執我（執著於我）、執法（執著於法）。「夢想」即是妄想，就是一切

顛倒的念頭。勿把緩急顛倒、勿把輕重顛倒、勿把公私顛倒、勿把先後顛倒、勿把親疏顛倒、勿把遠近顛倒。菩薩依般若波羅蜜多，了悟空性的道理，修中道行，遠離一切顛倒夢想。

⑤究竟涅槃：「涅槃」，為寂滅、滅度、無生。「涅」是不生之意，「槃」是不滅之意，涅槃就是不生不滅的，是超越生死（迷界）的悟界，也是佛教修行實踐的終極目標。玄奘法師譯涅槃為「圓寂」。具足一切福德智慧叫做「圓」；永離一切煩惱生死叫做「寂」。究竟涅槃是大滅度。大，是指萬物法身清淨圓滿，顯現於一切方所，無處不在的，是為「大法身」；滅，是指解脫，擺脫了世間一切煩惱，無障無礙，無欲無求；度，即般若，六度之一，是指普度普生、惠澤一切的大智慧。大乘菩薩的修行達到「人、法、空」三空之境，無我執、無法執，最終臻於通達、自在與圓滿寂靜的究竟大涅槃。

〔佛法智慧〕

一、菩提薩埵就是菩薩之意，菩提是「覺」，薩埵是「有情」，一般譯作「覺有情」。從狹義上說是覺悟的有情，從廣義上說是覺悟一切有情，合起來就是上求佛道以自覺，下化眾生以覺他，也就是自利利他，自覺覺他。自利自覺是智慧，利他覺他是慈悲。照見五蘊皆空是智慧，度一切苦厄是慈悲，悲智雙運是菩薩行。

二、**漢傳佛教有五大菩薩**，分別是：普陀山（浙江定海縣，東海中之舟山）大悲觀音菩薩、五台山（山西省五台縣台懷鎮）大智文殊菩薩、九華山（安徽青陽縣西南）大願地藏菩薩、峨眉山（四川峨眉縣）大行普賢菩薩及彌勒（住於兜率天）菩薩。彌勒祂一生補處的妙覺菩薩，等待下一生到世間成佛。在藏傳佛教有八大菩薩，除了漢傳的五大菩薩之外，另有金剛手菩薩、虛空藏菩薩、除蓋障菩薩。

三、**涅槃有三種**：一是外道的假涅槃，執著神我的統一，雖放棄了個體的小我，仍執著於宇宙之神的大我；二是小乘的真涅槃，是無我的，佛法稱之為「灰身泯智」，即身體死了，招感生死之本的煩惱業惑也泯滅了，只是三界外的塵沙、無明煩惱尚未斷絕；三是大乘的究竟涅槃，是無怖畏、無顛倒、無夢想，不貪戀生死，也不畏生死，自由自在於生死之中。所以，不離開現實的人生，隨緣度化一切眾生，就是大乘的「究竟涅槃」。

四、「無所得」，就是當你破除了對五蘊、六根、六塵、六識、十二因緣、四諦、智得等所有的執著後，到達了這種境界時，就會發現沒什麼要修行的，也沒什麼要證悟的了。無修無證亦無所得，若此時還有一個所得，那就是起了執著心。

《大般若經》上有「佛果以無所得故而得之」。前面「無智亦無得」也提到，「得」就是「無所得」，「無所得」才是真得。

菩提薩埵，簡稱為菩薩，又稱菩提索多或菩提索埵，也譯作大士、開士、高士。菩提是頓悟的智慧之意；薩埵有眾生、有情的意思。菩提薩埵指的是解救眾生、自覺覺他之人，也是上求無上菩提、下化眾生、修行般若智慧之人。《大智度論》說，此種人心能度大眾，智能悟大理，勤修六度大行和一切大善，能修難修，能捨難捨，能忍難忍；經三大阿僧祇劫而行願不退；唯以阿耨多羅三藐三菩提為所求目標。「掛礙」之意就是因執著於欲望，得不到自由。大菩薩是能依之人，般若波羅蜜是能依之法，從其依持的修行法門中，能生出解脫的智慧，這樣才能觀照生起「空」的妙義。若見萬物皆空，遠離一切妄念，就自然不會有所掛礙，如此才能自在灑脫。

五、佛教認爲，初學佛法之衆生，未見道前往往會生起五種怖畏，又作五恐怖、五怖、五畏：

(1)不活畏（不活恐怖）

是指初學者雖行布施，但因害怕自己的生活成問題，就常常積聚資財，不能盡施所有。

(2)惡名畏（惡名恐怖）

是指初學者為度化眾生而同入酒肆等處，卻不能安然自若，害怕受到他人的譏笑和誹謗。

(3)死畏（死恐怖）

是指雖生起廣大之心而施予財物等，但仍害怕死亡，所以不能捨身。

(4)惡道畏（惡趣恐怖）

是指恐懼造作不善業而墮於惡道，害怕墮入地獄、餓鬼、畜生三道，因而長期處於怖畏中。

(5)大眾威德畏（眾中恐怖）

是指在眾人面前或有威德的人面前，害怕自己言行有失，而不敢直言。

凡人因無明而有「我執」，當心中產生我、人、他的分別心，必然放不下「我」所擁有的一切，更有無盡的欲望，於是終日在煩惱中患得患失，驚恐害怕。因為煩惱未盡，本性未明，在修行的過程中，容易因我執、法執而使內心恐懼不已。唯有如《心經》法用分中所言，破除一切執著，達到「無所得」的境界。既無得失，也就沒有得失的恐怖。在證得一切皆空的境界下，心中了無牽掛之時，就自然不會有任何怖畏了。

六、當世人眞能心無罣礙，解脫人世恐怖，就得以遠離顛倒夢想。

此處的「遠離」非指距離之遠，而是永遠地離開、離棄。顛倒，即相反、倒置，有真假不明、倒置事理之義，例如以無常為常，以苦為樂，以無我為我，以不淨為淨。顛倒是從無明煩惱引起的，人的煩惱皆因缺少般若智慧而生，也就是從顛倒夢想而生。世上的一切事物本非實有，只因顛倒夢想，世人才誤以為一切事物為實有。於是常貪愛取著，追逐不捨，造作幻業，而受虛幻的生死所束縛，受盡虛幻的痛苦卻不自覺。

佛門有十法界，除佛界以外，其餘九界均稱為眾生，各有其顛倒夢想：人道做富貴名利夢；天道做安逸快樂夢；阿修羅做爭強好勝夢；地獄道做受苦受刑夢；餓鬼道做忍饑挨餓夢；畜生道做吃苦耐勞夢；聲聞乘做有餘涅槃夢；緣覺乘做獨善其身夢；菩薩做上求佛道，下化眾生，究竟成佛的夢。而佛大夢已覺，究竟無夢。故欲達佛之境界，首當斷「得」，佛陀才會說：「以無所得故」。就因如此，方能遠離顛倒夢想，究竟涅槃，除卻人世種種煩惱與痛苦，從此不再進入輪迴之中。

七、眾生的四顛倒是「以無常爲常、以苦爲樂、以無我爲我、以不淨爲淨」。這四顛倒皆因眾生的無明而生起，眾生的一切煩惱，都因缺少般若智慧，也就是從「顛倒夢想」而生。

(1)常顛倒

以無常為常，世間一切事都是無常，瞬間變化。但眾生因缺乏般若智慧而偏將無常當成常，以為世間萬物、人生百年都是永久長存，致使對萬物有執著之心，一味追求渴望擁有，欲望不斷。對人生汲汲營營，認為百年基業永遠不倒。

(2)樂顛倒

以苦為樂，世間一切都是痛苦不堪，人生更是八苦交煎，毫無快樂可言。但眾生迷悟，以苦為樂，追求無盡的物質享受，名利、親情、愛情以至無盡的欲望欲求，殊不知其快樂如瘡上撓(ㄋㄠˊ)癢，瞬間快樂後就是無盡的痛苦。

(3)我顛倒

以無我為我，世間本無我，無人我之分。過去的我，現在的我，未來的我，沒有一個是常住永存的。眾生卻執著於我，生出對「我」的無盡欲望，進而產生無盡的煩惱。

(4)淨顛倒

以不淨為淨，凡人無法看清事物本相，迷戀外表美好之物，如對美人的迷戀，殊不知美人也僅是一張皮好看，裡面或許不如想像美好，而眾生迷悟不知，以不淨為淨。

「顛倒」是指一切不合理的思想與行為，其根本是執我（執著於我）、執法（執著於法）。而「夢想」即是妄想，一切顛倒的念頭。菩薩能領悟空性的道理，遠離了一切顛倒夢想。

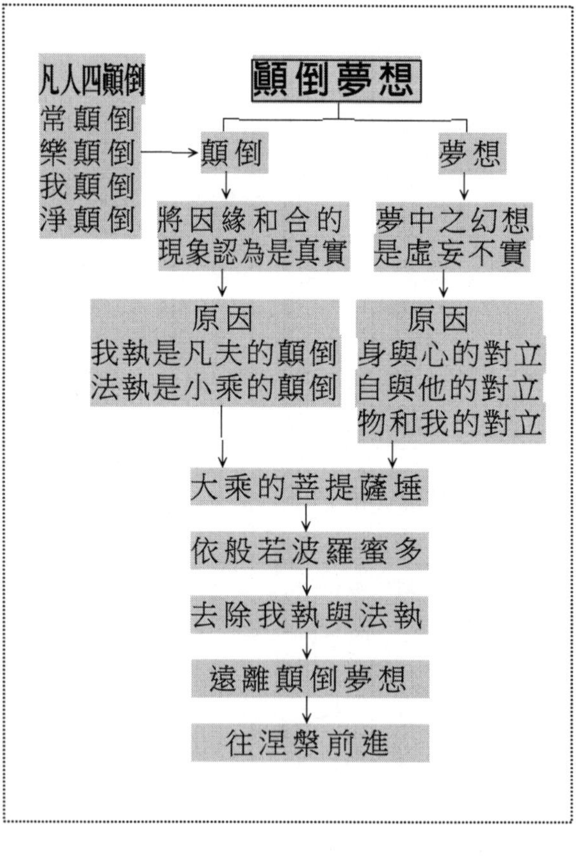

八、「究竟涅槃」的境界是指一切煩惱都已止息，並能自由自在地穿梭於生死之中，救度眾生，逐漸邁向最完美的成佛境界。涅槃與究竟涅槃的不同：

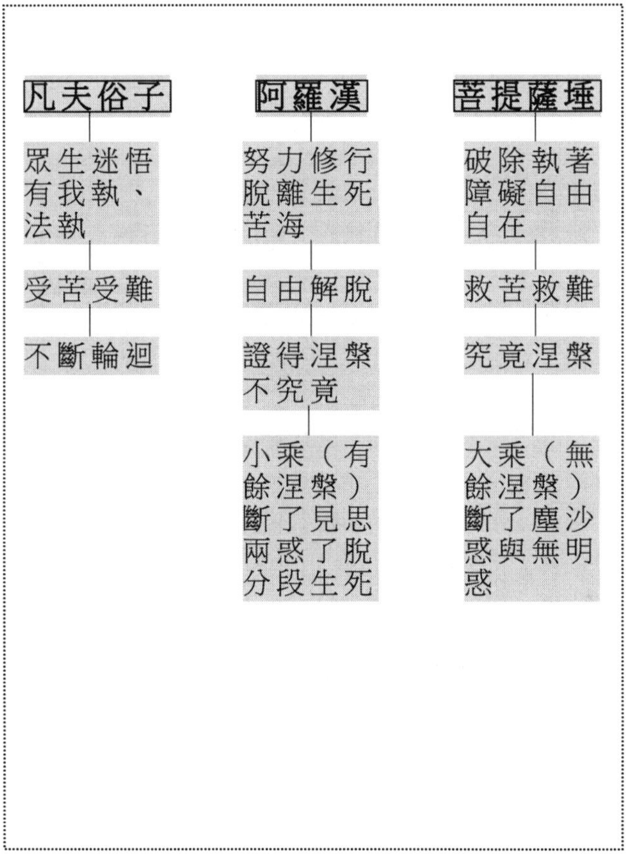

九、**「阿僧祇劫」，意譯無數長時**。菩薩之階位有五十位：十信十住十行十回向之四十位，為第一阿僧祇劫；十地之中，自初地至第七地，為第二阿僧祇劫；自八地至十地為第三阿僧祇劫。第十地圓滿，即佛果也。凡修行成佛者，必須經歷如此曠久之時，這稱爲累劫修行、歷劫修行。禪宗達摩祖師則說：三大阿僧祇劫，不是指億萬年的時間，是指貪、嗔、癡等無量的妄念。世人以為時間太長，而氣餒生退轉心，其實解脫只在自己決心。有些教派以此認為不可能一世成佛，禪宗等則認為，世尊的教化就是為了一世成佛，禪宗歷代祖師就是明證。

……………

佛學辭典

「究竟涅槃」就是大般涅槃，意即大入滅思，或大滅度、大圓寂。指釋迦牟尼佛度世已畢，歸於圓寂。這樣的境界是接近《心經》所說的究竟涅槃，在慈悲的覺他狀態下，朝著偉大完美覺知境界的前去，達成佛陀偉大的安息狀態。

陸、證知分

•讚歎般若的無遠弗屆•

〔經文〕

三世諸佛①，依般若波羅蜜多故②，得阿耨多羅三藐三菩提③。

〔詮釋〕

即過去、現在、未來等十方眾多諸佛，依照深般若、妙智慧修行，才證得阿耨多羅三藐三菩提（簡稱阿耨菩提或阿耨三菩提）。阿耨是最高之意，所領悟之道是至高無上的；三藐是正德之意；三菩提為正覺之意。合起來，就是指佛的境界達到至高無上正等正覺而證佛果。

〔註解〕

①三世諸佛：「三世」指過去世、現在世及未來世。「諸佛」是指十方一切佛。隨著佛教思想的演進，在原始佛教時期，依時間發展出過去、現在、未來的三世佛。到了大乘佛教時期，依空間概念而形成十方諸佛。十方是指東、西、南、北四方與東南、西南、東北、西北四維及上、下，在這些空間中均有佛的存在，也就是在同一時間有眾多佛陀並存的思想。

②般若波羅蜜多故：「般若」即大智慧、妙智慧。「波羅蜜多」就是「到彼岸」。般若如同一艘船，能將眾生從生死的此岸，渡到不生不滅的涅槃彼岸。

③得阿耨多羅三藐三菩提：「依般若波羅蜜多」是指修行的方法，代表佛行；而「得阿耨多羅三藐三菩提」是成果，指佛果。不過，兩者依般若波羅蜜多成就的境界是不同。菩薩依般若波羅蜜多，能「心無罣礙，無罣礙故，無有恐怖，遠離顛倒夢想，究竟涅槃」，這是同時體悟自覺與覺他的境界；而三世諸佛依般若波羅蜜多，能「得阿耨多羅三藐三菩提」，這是到達自覺、覺他與覺滿的理想境界。

〔佛法智慧〕

一、**阿羅漢、菩薩、佛的「覺」境界不同：**

(1)阿羅漢：體悟四諦，脫離生死苦海，涅槃自覺，即追求智慧。

(2)菩提薩埵：依般若波羅蜜多故，無畏生死，自由自在，救苦救難，究竟涅槃自覺、覺他，即追求慈悲與智慧。

(3)三世諸佛：依般若波羅蜜多故，到達最圓滿的覺悟境界，阿耨多羅三藐三菩提自覺、覺他與覺滿，即完成慈悲與智慧結合。

二、**佛陀的覺悟突破人生迷團，揭穿宇宙秘密。「覺」的意義有三：**

(1)自覺：覺悟三世一切諸法幻化無常，悟性真空，了惑虛妄，成功妙智，道證圓覺。

(2)覺他：眾生不能解脫，是因沒有覺悟。佛陀將自己所覺悟的道理逐一開示，要使眾生覺悟起來，獲得解脫安樂。

(3)覺滿：在自覺、覺他的兩種功德都達到究竟圓滿，就是自覺慧滿和覺他福滿。

自覺、覺他及福慧圓滿，即所謂三覺圓，萬德具足，名之為佛。佛陀即具足自覺、覺他及覺滿，最高人格的完成。

三、**佛是從菩薩而來**，菩薩是「覺有情」，是自覺、覺他；自己是覺悟的有情眾生，而又幫助其他的眾生覺悟，他是在菩薩道上的眾生，菩薩道稱為大道；在大道發了菩提心的大道心眾生，就是菩薩。在原始佛教上，僅有的一尊佛，就是釋迦牟尼佛，其他的佛弟子雖然也證涅槃，但稱阿羅漢。因釋迦牟尼佛是過去的菩薩而現在成佛，現在的菩薩將來也必定成佛，是未來佛，那過去一定也已有眾生成佛，是過去佛。這無異在鼓勵眾生起信心，勤學菩薩道，肯定將來都會成佛。

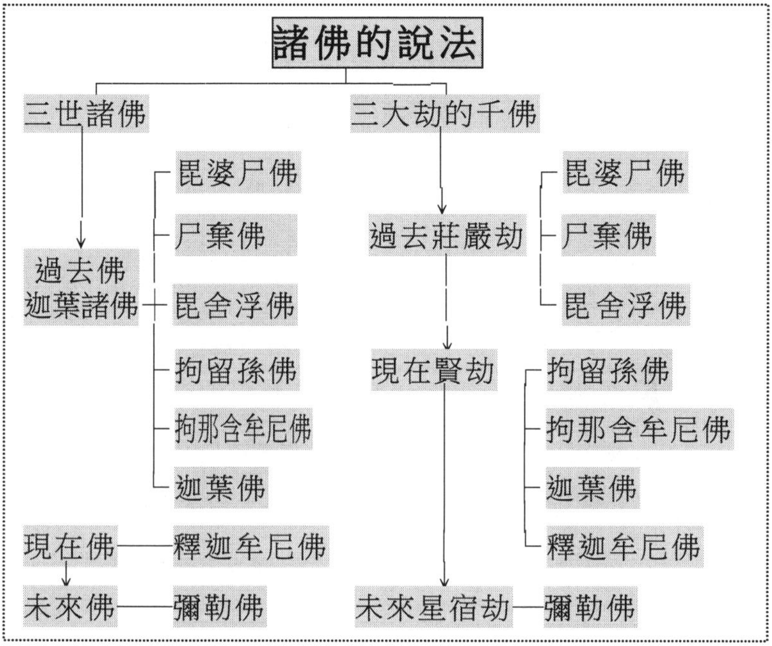

佛學辭典

「彌勒」梵名Maitreya，出生於婆羅門家庭，後為佛弟子，先佛入滅，以菩薩身為天人說法，住於兜率天。釋尊曾預言授記，當其壽四千歲（約人間五十七億六千萬年）盡時，將下生此世，於龍華樹下成佛，分三會說法。以其代釋迦佛說教之意，稱作一生補處菩薩、補處菩薩、補處薩埵；至彼時已得佛格，故亦稱彌勒佛、彌勒如來。據此而有二種造像。

區　別	修行方法	修行結果	境　　　界
凡人	無修行	在生死苦海中掙扎	受苦受難，不斷輪迴
阿羅漢	修行四諦、十二因緣	自己解脫，脫離生死苦海	涅槃（自覺）追求智慧
菩提薩埵	依般若波羅蜜多故	自己解脫並救度他人	究竟涅槃（自覺、覺他）追求慈悲與智慧
三世諸佛	依般若波羅蜜多故	自覺、覺他，到達圓滿覺悟境界	阿耨多羅三藐三菩提（自覺、覺他、圓滿完成慈悲與智慧結合）

佛學辭典

「阿耨多羅三藐三菩提」，梵語 anuttara-samyak-sambodhi，略稱阿耨三菩提、阿耨菩提。意譯無上正等正覺、無上正等覺、無上正真道、無上正遍知。「阿耨多羅」意譯為「無上」，「三藐三菩提」意譯「正遍知」，乃佛陀所覺悟之智慧；含有平等、圓滿之意。以其所悟之道為至高，故稱無上；以其道周遍而無所不包，故稱正遍知。大乘菩薩行之全部內容，即在成就此種覺悟。菩薩發阿耨多羅三藐三菩提心，則譯為「無上正真道意」。

四、《心經》中說的三世諸佛，統指出現於三世的一切佛，是三世佛和十方佛融合的概念。若以佛陀時代為時間參考點，過去佛是指迦葉佛或燃燈佛，現在佛是指釋迦牟尼佛，未來佛是指彌勒佛。如果不以佛陀在世作為時間軸的參考點，而是依據現在來看，世尊已離開世間，同樣被視為是過去佛。於是佛教產生過去七佛的名詞。如果改以更寬廣的時間來看，無限的時空中不會只有過去七佛，而是在過去、現在、未來的三大劫中，都有千佛出現前來教化眾生。這裡三大劫的「劫」是一般很長的時間單位，每當一尊佛入滅後，就要經歷相當漫長的歲月，另一尊佛才會出現於世。第一、過去莊嚴劫，因有千佛出世，讓這段期間的世界更為莊嚴美好，故名之；第二、現在賢劫，又名善劫；第三、未來星宿劫，在未來的一段時間千佛其數多如天上之星宿。

五、不但是菩薩，連三世諸佛都是依般若波羅蜜多，而得究竟圓滿菩提。菩薩經過十地，進入等覺、妙覺，還是要依般若波羅蜜觀空，進入極果。智者大師說：「究竟佛者，通窮妙覺，位極於茶故，唯佛與佛，乃能究竟諸法實相，邊際智滿，種覺頓圓，無上士者，名無所斷，無上士者，更無過者。如十五日，月圓滿具足，眾星中王最上，最勝威德特尊，是名究竟佛義」。故知，佛是福慧圓滿，登涅槃山頂，以虛空為座，成清淨法身，居上上品常寂光淨土。

……………

佛學辭典

「智者大師」（538—597）即智顗（ㄧˇ），俗姓陳，字德安。世稱智者大師、天台大師，為我國天台宗開宗祖師。隋代荊州華容（湖南潛江西南）人。生前造大寺三十六所，度僧無數，傳業弟子三十二，其中著名者有灌頂、智越、智璪（ㄗㄠˇ）等。依禪觀而修之止觀法門，為師之最具獨創性者。師之著述，建立了天台一宗之解行規範，其中《法華玄義》、《法華文句》、《摩訶止觀》，世稱為天台三大部，其學說影響中國佛教頗鉅。

六、**阿耨多羅三藐三菩提是般若經的重要關鍵**字，用來點出佛陀境界的智慧。拆解成阿耨多羅、三藐、三菩提三個字詞。阿耨多羅的意思是無上、無法超越；三藐是完全地、徹底地、正確的；三菩提是正等菩提，整句合稱為「無上正等正覺、無上正遍知」。這代表佛陀所覺悟的智慧，故稱正覺，其內含有平等、圓滿的意思，所以稱正等；佛陀境界體悟的真理至高，故稱無上；而其道理周遍無所不包，又稱正遍知。唯一般佛經仍遵循玄奘「五不翻」的第四項「順古不翻」的原則，將此詞直譯為「阿耨多羅三藐三菩提。」

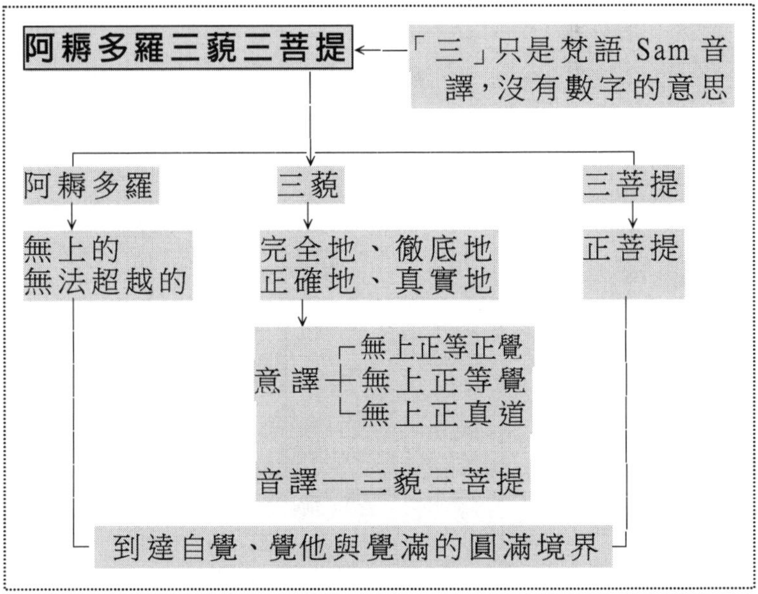

佛學辭典

「阿羅漢」梵語，為聲聞四果之一，如來十號之一，略稱羅漢。指斷盡三界見、思之惑，證得盡智，而堪受世間大供養之聖者。泛指大、小乘佛教中之最高果位。舉出殺賊、不生、應供三義，稱為阿羅漢三義，為自古以來最常見之說：(1)殺賊，賊，指見、思之惑。阿羅漢能斷除三界見、思之惑，故稱殺賊(2)不生，即無生，阿羅漢證入涅槃，而不復受生於三界中，故稱不生(3)應供，阿羅漢得漏盡，斷除一切煩惱，應受人天之供養，故稱應供。

柒、秘密分

‧說明護持般若的密咒‧

【經文】

故知般若波羅蜜多，是大神咒①、是大明咒②、是無上咒③、是無等等咒④；能除一切苦，真實不虛。

【詮釋】

從上面所說的可以明白，智慧圓滿到達彼岸的般若波羅蜜多，是神有妙力的咒語、是大智慧的咒語、是超勝的咒語、是超越一切無法與之相等，無與倫比可及的咒語，能除盡一切痛苦，親證實相，成就佛果，是完全真實而不虛妄的無量福德。

【註解】

①大神咒：是大的意思，是真言，是宇宙真實的語言。是指此咒廣大普遍，能貫通三世十方，所有宇宙萬物皆生滅於此，般若智慧擁有不可思議的神力，能驅除煩惱魔，解脫生死苦厄。

②大明咒：「明」是指覺悟的智慧，也含有知識的意思。「大明」指般若智慧有大光明，無所遮蔽，如同日光能照徹一切空，可破除眾生疑癡無明虛妄。

③無上咒：是說般若波羅蜜多為一切法門中之最，沒有任何法門能超越其上，它能總持無量法門，使眾生直趨無上涅槃。

④無等等咒：「無等」就是無與倫比、無法與之相等。這是佛陀的境界，因沒有能與佛陀相等的，故稱「無等」。是說般若能使眾生，成就無上菩提，無牽無掛，明心見性，此證佛果。

〔佛法智慧〕

一、**佛教中所說的咒語是指眞言密咒**，簡稱密咒或咒文。因為它的奧妙不是一般人的思惟能理解，也不能用言語來說明。「咒」，梵語 **dharani** 音譯為陀羅尼，原義為總持、能持、能遮。總持，謂總一切功德，持無量義理。能持，指能保存無量的內容。能遮，則具有無量神變不思議的功能。「咒」既可利益他人，也可損惱傷人；具有魔力的語言與除惡生善的能力。

二、經典中明說道理以示眾生修行之法，稱為顯說；不加解釋，只跟著做，給予加持功用的稱為密言，咒語就是密言，經顯義理，咒宗秘密。顯密之功用同等，能除一切苦及苦因，能度一切苦厄。佛陀所宣說的般若義理，都是真實不虛，不論顯相與實相，勝義諦或世俗諦。《金剛經》說：「如來是真語者，實語者，如語者，不誑(ㄎㄨㄤˊ)語者，不異語者」。不論是佛陀親說，或是菩薩重說，都是真實不虛的。

三、第十四世達賴喇嘛以勝義諦與世俗諦來解釋「真實不虛」的意義。他所著《心經的本質》中，認為般若波羅蜜多是勝義諦，即宇宙究竟真理，是真實不虛的。在勝義諦的範疇之中，它是無二、無別的，同樣，在世俗諦，即世俗中的真理，顯現於外的現象與真理之間，也是沒有分別，因此，代表宇宙最後真理的勝義諦是不虛妄的。達賴喇嘛還說，透過持誦般若波羅蜜多咒，可以遠離痛苦與痛苦的原因，獲得自由自在的境界。

四、佛教有二諦：世俗諦和勝義諦。「諦」代表真理，佛教依聖人和凡夫認知的差別而區分；世俗諦又稱俗諦、言諦，凡人所體驗的真理。勝義諦又稱真諦、第一義諦，證悟者能體驗的真理。

……………

佛學辭典

「思惟」梵語，即思考推度。思考真實之道理，稱為正思惟，係八正道之一；反之，則稱為邪思惟（不正思惟），乃八邪之一。而斷一切思惟分別，是名正思惟；不正思惟：有我思惟、有情思惟、世間思惟三種。

五、咒，原作「祝」，是向神明禱告，令怨敵遭受災禍，或欲祛除厄難、祈求利益時所誦念之密語。印度古吠陀中就有咒術。這裡指真言密咒，又稱「神咒」、「密咒」或「咒文」，意即不能以言語說明的特殊靈力之秘密語。咒也叫「總持」，音譯為「陀羅尼」，指能「總持」一切善法令其不失去，「總持」一切惡法令其不生起。咒是有力量的語言，能成就除惡生善的事實。咒有「善咒」、「惡咒」之別。如為人咒病或為防護己身者，即為「善咒」；咒詛他人令罹災害者即為「惡咒」。佛陀禁止習此等咒術以謀生，但允許為治病或護身而持咒。「大神咒」即是說般若智慧有大神力，神有妙力之義，能令受持者驅除煩惱魔，解脫生死苦。「大明咒」是說般若智慧有大光明，無所遮蔽，如同日光照世，能照徹一切皆空，令受持者破除疑癡，照見無明虛妄。「無上咒」，是說般若智慧能令受持者，直趨無上涅槃，是出世間無有一法能出其上，若依此修行，便能證得無上的佛果；「無等等咒」是說般若智慧能令受持者，成就無上菩提，是沒有什麼能與它相等同，般若法是佛的修行心要，是聖中之聖。修般若法，能無牽無掛，不但明心見性，還可以此證佛果，盡除一切眾生所受的苦厄災難，所以說，般若法門「真實不虛」。

……………

佛學辭典

「阿修羅」梵語，略稱修羅，為六道之一，八部眾之一，十界之一。意譯為非天、非同類、不端正。阿修羅為印度最古諸神之一，係屬於戰鬥一類之鬼神，被視為惡神，而與帝釋天（因陀羅神）爭鬥不休，以致出現了修羅場、修羅戰等名詞。有關阿修羅之業因，諸經多舉出瞋、慢、疑等三種生因。

六、「能除一切苦」，即是說修行般若波羅蜜多，無論是三苦──苦苦、壞苦、行苦，還是人生八苦──生苦、老苦、病苦、死苦、受別離苦、怨憎會苦、求不得苦、五蘊熾盛苦，亦或其他諸苦，都能依此除去。五蘊熾盛苦是最不易去除的，世人因此身陷輪迴之中，不得解脫。觀自在菩薩說通過般若波羅蜜多修行，可以脫離生死苦海，離苦得樂，以至「除一切苦」進而達到涅槃的喜樂境界。

如同《金剛經》中，佛陀強調「如來是真語者、實語者、如語者、不誑語者、不異語者」一樣，觀自在菩薩也在此鄭重提出本經是「真實不虛」。任何修行者都不應對般若波羅蜜多法產生懷疑，確實是大神咒、大明咒、無上咒、無等等咒，能除去一切苦厄，唯有堅信不移地依此刻苦修行、精進，方能了脫生死，證得涅槃。

在佛教教理中，諸佛常以二諦來總攝一切法要，來為眾生說法。二諦，一為世俗諦，即凡夫所能認知的真理，是可以體驗，也可以用凡常語言表達的；二為勝義諦，是聖人所認知的真理，只有證悟者才能體悟到，無法用凡常語言表達。要完全通達佛陀所說法的真實含義，就要懂得二諦的義理，否則就無法體悟佛法妙義。般若波羅蜜多是勝義諦，勝義即含有如實、真實、不虛誑的含義，是究竟而必然如此，是本來如此，是遍通一切。勝義諦是指聖者以般若智慧，超越世間習俗之真理，徹見了緣起法的生滅與不生不滅，所體證到的真理境地，是真實不虛妄的。

……………

佛學辭典

「法相」，⑴指諸法所具本質之相狀（體相）或指其意義內容（義相）。唯識宗之特質在於分析、分類說明法相，故又稱法相宗。⑵指教義上之分齊、區別、綱要。⑶指真如、實相，與「法性」同義。「法相宗」，廣義而言，泛指俱舍宗、唯識宗，以分別判決諸法性相為教義要旨之宗派，一般多指唯識宗，為中國佛教十三宗之一，日本八宗之一。即以唐代玄奘為宗祖，依五位百法，判別有為、無為之諸法，主張一切唯識之旨之宗派。

七、「**諦」審時不虛之義**。指真實無誤、永遠不變之事實，即真理。佛教有二諦：世俗諦和勝義諦。佛教依凡夫和聖人認知的差別，分為世俗諦和勝義諦。世俗諦是指凡夫所認知的真理；勝義諦是指聖人所認知的真理。

……………

佛學辭典

「三世因果」，綿亙過去、現在、未來三世而立因果業感之理。蓋以過去之業為因，招感現在之果；復由現在之業為因，招感未來之果。如是因果相續，生死無窮，此即迷界流轉之相狀。說一切有部更以三世兩重之因果說解釋十二因緣，即以「無明、行」為過去之因，招感「識、名色、六入、觸、受」等現在之五果；復以「愛、取、有」為現在之三因，招感「生、老死」等未來之兩果。對其他宗教只論現在一世或現在、未來二世，此三世因果實為佛教教理之一大特色。

二諦

- 世俗諦
  - 又稱：俗諦、言諦
  - 世間出世間萬事萬物都是由眾多因素相依相持而形成
  - 凡人能體驗到的真理
  - 可以用凡常的語言陳述
- 勝義諦（勝等於第一；勝義諦等於第一義諦）
  - 又稱：真諦、第一義諦
  - 世間出世間萬事萬物沒有獨立不變的自性
  - 證悟者能體驗到的真理
  - 如實、真實、不虛誑；無法用凡常的語言表達
  - 除一切苦；達到涅槃

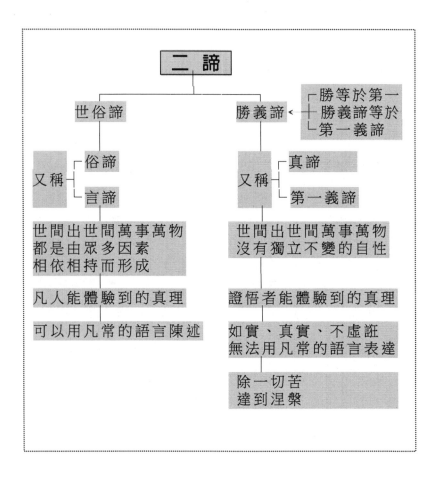

〔經文〕

故說般若波羅蜜多咒，即說咒曰：揭諦，揭諦①，波羅揭諦②，波羅僧揭諦③，菩提薩婆訶④。

〔詮釋〕

所以說，般若波羅蜜多是一種離苦得樂的總持法門，即是：「來吧！來吧！大家來吧！大家一起來吧！大家到涅槃的彼岸去吧！」此咒共有五句十八字，易於誦持，具有不可思議的功德。走在觀見真理的道路上，直接且無任何媒介地證悟空性，心具三世諸佛智慧圓滿成就。

〔註解〕

①揭諦，揭諦：「揭」是度的意思，「諦」是真諦，真實不虛。「揭諦」，即為度脫一切業障，而歸真實，也是自度度他之義。「揭諦，揭諦」意為度過去吧！度過去吧！是佛陀在規勸和鼓勵眾生刻苦修行。「揭諦，揭諦」：第一個「揭諦」，表示規勸與鼓舞，告訴修行者要累積資糧，準備邁向彼岸；第二個「揭諦」，告訴修行者要有心理

準備，以進入觀空修行。

②波羅揭諦：「波羅」是超越、究竟、到彼岸之意。所以，波羅揭諦，意為度到彼岸去吧。

③波羅僧揭諦：「僧」為眾、普或總之意，意為大家一起度向彼岸去吧。

④菩提薩婆訶：「菩提」即覺悟、證得圓滿智慧。「薩婆訶」在梵語中原意為「好好放置」，有迅速、飛快之意。佛經中往往以「薩婆訶」為結語祝福詞，此句意為祝福大家迅速證得菩提。

〔佛法智慧〕

一、**佛教認爲**，咒語是不可思議，憑藉咒的力量可以明心見性。所以修行者要遠離一切諸心，如分別心、攀緣心等一切妄心來誦持咒語。咒即是心，心即是咒，不明白咒語，是因眾生還沒有明心見性，若一旦開悟，就懂得咒語的真正含義。

二、**達賴喇嘛對**「菩提薩婆訶」的解釋是「鼓勵能堅定地將自己安住在覺悟之地，進入最後的涅槃境界」。在古印度經典《梨俱吠陀》與《奧義書》記載，「薩婆訶」原本是手捧供物給諸神的感歎詞，意思是「好好地放置」或「好好地將放在火中的供物整理安置」，這也是祈禱時對火神使用的神聖詞語。在佛經中，「薩婆訶」則有「結語祝福詞」與「安住得不退轉」的雙重含義。

三、**印順導師**（1906—2005，浙江杭州府海寧人，師承太虛大師，證嚴法師是其弟子，獲頒日本大正大學文學博士學位，為我國比丘界首位博士）。對「薩婆訶」解說為：如從慧悟說，密咒不可解說，而解說起來，實與教義一致；如「揭諦」是去義，「波羅」是到彼岸義，「僧」是眾義，「菩提」是覺義，「薩婆訶」是速疾成就義。綜合起來，即是法啊！去啊！到彼岸去啊！大眾都去啊！願正覺的速疾成就！

四、**咒**，音譯陀羅尼，意譯總持，總一切功德，持無量義理；又譯為真言，是諸佛菩薩真心宣說出來的密語。凡夫與二乘不能知，只能密持密受，為佛與佛能夠了知。對一般人來說，密咒不須加任何解說，只要一心持誦，就能達到精神集中統合的功用，進而引發智慧，是一種方便，就像讀經、念誦、禮佛、拜懺、稱名一樣。因為它的作用在聲音，不在解釋。

「陀羅尼」稱總持，總一切法，持無量義，是「一為無量，無量為一」的境界。「陀羅尼」稱真言，是超越時空真實不變的音聲語言，般若與咒同是一心，能除一切苦，真實不虛。「陀羅尼」稱密語，為諸佛菩薩無量劫修行願力的「功德法聚」，含藏了諸佛菩薩不可思議的慈悲願力。所謂「陀羅尼咒」是諸佛菩薩的「稱號」或「咒語」，至誠持之能引發「救渡功德」與「修因功德」。「陀羅尼」稱咒，乃是密說，咒即般若，是無言說中蘊含無邊般若妙法及密義。是顯密圓融不可思議法，有發願相應的意思，因誦念咒語，可以相應諸佛菩薩的功德法聚加持，且持咒者也可以祝願他人，所以稱為「咒」。

「咒」是有言說而離言說，以不翻為妙，長句者為陀羅尼，短句者為真言，是諸佛菩薩在無量劫修行中，於一切法一切義中，持一切功德法而成的種子。因此，行者持咒須有至誠心始能相應，如觀世音菩薩聞聲救苦，大都是受難者於急難中，無任何念想脫口而出，此即是一念至誠而相應。諸佛菩薩都有其心咒，釋迦牟尼佛、阿彌陀佛、觀音菩薩、文殊菩薩都有，藏傳佛教的咒語更多，護法、

……………

佛學辭典

「陀羅尼」梵語，又作陀憐尼。意譯總持、能持、能遮。即能總攝憶持無量佛法而不忘失之念慧力。換言之，陀羅尼即為一種記憶術，即於一法之中，持一切法；於一文之中，持一切文；於一義之中，持一切義；故由記憶此一法一文一義，而能聯想一切之法，總持無量佛法而不散失。蓋菩薩以利他為主，為教化眾生，必須得陀羅尼，得此則能不忘失無量之佛法，而在眾中無所畏，同時亦能自由自在的說教。

祖師都有心咒，如蓮花生大士、密勒日巴、噶瑪巴也皆有心咒。咒雖不可解，但有神妙之功用，行者若能虔誠持誦，久之自能產生靈感，有「息、增、懷、誅」的作用，近則身心安寧，消災解厄，遠則解脫生死煩惱，速證菩提。

五、揭諦，揭諦，意思是「去也，去也！」意指般若功深，能自度度他，前者「去也」，是自度，後者「去也」，是度他。波羅揭諦是「到彼岸去」的意思。波羅僧揭諦是「願眾生都同登彼岸」。菩提薩婆訶是說「疾速成就無上佛果」。這五句十八字咒語是和修行五道相配合，依照修行的五道是：資糧道、加行道、見道、修道及無學道。第一次「揭諦」是力勸行者進入資糧道，第二次「揭諦」，漸次進入加行道。「波羅揭諦」是指見道，現證空性，至此進入聖位。「波羅僧揭諦」是指修道，行者不斷觀空熟知空性，最終進入究竟位，也就是「菩提薩婆訶」。這五道次第與《心經》正宗全文相應。一開始的甚深四句法義「色不異空，空不異色；色即是空，空即是色」是資糧位和加行位。「諸法空相，不生不滅，不垢不淨，不增不減」是見道位。「是故空中無色」以下的空五蘊、十二處、十八界、十二因緣、四諦、無智無得，是修道位。菩薩的究竟涅槃和三世諸佛的阿耨多羅三藐三菩提，是究竟位。

六、佛教認爲，咒語是不可思議，憑藉咒的力量可以明心見性。

所以，修行者要遠離一切諸心，來誦持咒語。咒即是心，心即是咒，不明白咒語，是我們還沒有明心見性，尚未開悟。一旦開悟，就懂得咒語的真正含義了。「即說咒曰」是咒語與經文的分水嶺，此句以下即是咒語的內容，其分析咒語結構，以《心經》咒語來說明：

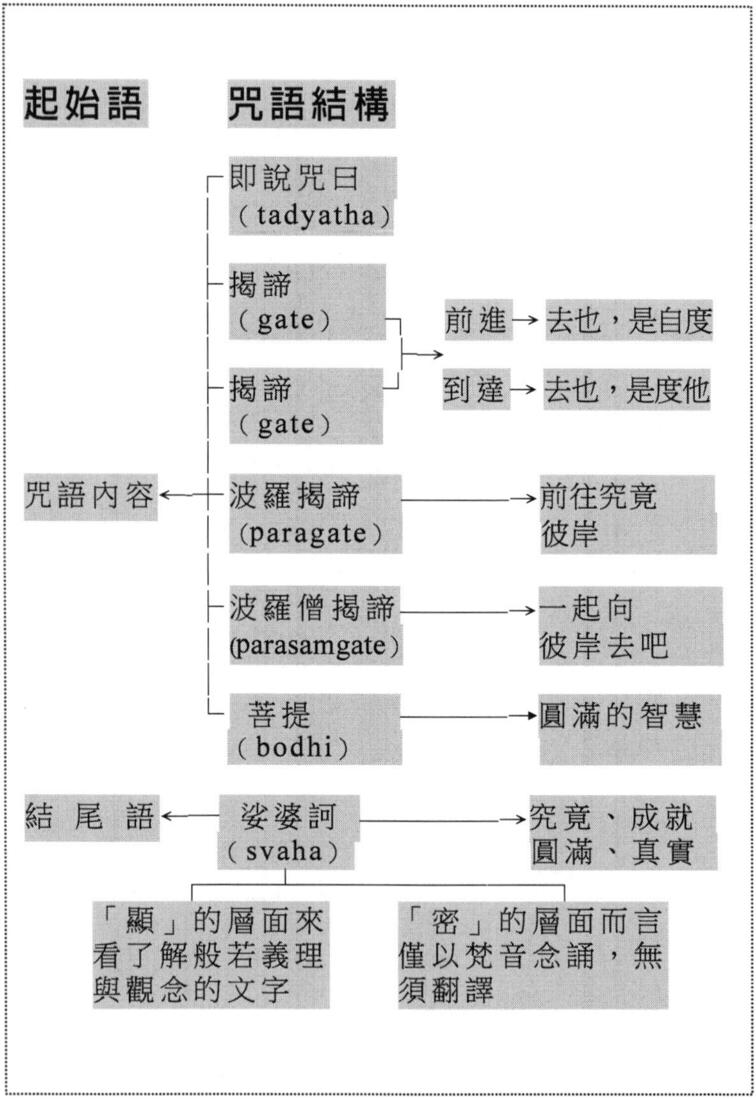
起始語
咒語結構
即說咒曰
（tadyatha）
揭諦
（gate）
揭諦
（gate）
前進
去也，是自度
到達
去也，是度他
咒語內容
波羅揭諦
(paragate）
前往究竟
彼岸
波羅僧揭諦
(parasamgate）
一起向
彼岸去吧
菩提
（bodhi）
圓滿的智慧
結 尾 語
娑婆訶
（svaha）
究竟、成就
圓滿、真實
「顯」的層面來
看了解般若義理
與觀念的文字
「密」的層面而言
僅以梵音念誦，無
須翻譯

附錄

千手千眼無礙大悲心陀羅尼

大悲咒全文概述

附錄

千手千眼無礙大悲心陀羅尼（大悲咒）

南無　喝囉怛那　哆囉夜耶。南無　阿唎耶。婆盧羯帝　爍
鉢囉耶　菩提薩埵婆耶。摩訶薩埵婆耶。摩訶迦盧尼迦耶。
唵。薩皤囉罰曳。數怛那怛寫。南無悉吉慄埵　伊蒙阿唎耶。
婆盧吉帝　室佛囉　楞馱婆。南無　那囉謹墀。醯唎摩訶皤
哆沙咩。薩婆阿他豆輸朋。阿逝孕。薩婆薩哆　那摩婆薩多
那摩婆伽。摩罰特豆。怛姪他。唵　阿婆盧醯。盧迦帝。迦
羅帝。夷醯唎。摩訶菩提薩埵。薩婆薩婆。摩囉摩囉。摩醯
摩醯唎馱孕。俱盧俱盧羯蒙。度盧度盧　罰闍耶帝。摩訶罰
闍耶帝。陀囉陀囉。地唎尼。室佛囉耶。遮囉遮囉。麼麼　罰

摩囉。穆帝隸。伊醯伊醯。室那室那。阿囉嘇 佛囉舍利。
罰娑罰嘇。佛囉舍耶。呼盧呼盧摩囉。呼盧呼盧醯利。娑囉娑
囉。悉唎悉唎。蘇嚧蘇嚧。菩提夜。菩提夜。菩馱夜 菩馱
夜。彌帝唎夜。那囉謹墀。地利瑟尼那。波夜摩那。娑婆訶。
悉陀夜 娑婆訶。摩訶悉陀夜。娑婆訶。悉陀喻藝。室皤囉
耶。娑婆訶。那囉謹墀。娑婆訶。摩囉那囉。娑婆訶。悉囉
僧 阿穆佉耶。娑婆訶。娑婆摩訶 阿悉陀夜。娑婆訶。者
吉囉 阿悉陀夜。娑婆訶。波陀摩羯悉陀夜。娑婆訶。那囉謹
墀 皤伽囉耶。娑婆訶。摩婆利勝羯囉夜。娑婆訶。南無 喝囉
怛那 哆囉夜耶。南無 阿唎耶。婆嚧吉帝。爍皤囉耶。娑
婆訶。唵 悉殿都 漫多囉。跋陀耶。娑婆訶。

大悲咒全文概述

南無大慈大悲觀世音菩薩

皈依三寶，皈依大悲渡世的觀世音菩薩，世間感受一切恐怖病苦的眾生，要誓願宣說廣大圓滿無礙大悲救苦救難的真言，要看破生死煩惱，了悟真實光明，皈依於大慈大悲、隨心自在的觀世菩薩。祈求一切圓滿，不受一切鬼卒的侵害，皈命於為觀世音菩薩請說廣大圓滿無礙大悲心陀羅尼的本尊——千光王靜住如來。能得清淨圓明的光輝，能除無明罣礙的煩惱，要修得無上的功德，方不致沈淪在無邊執著的苦海之中。

大慈大悲的觀世音菩薩，常以諸佛菩薩的化身，悠遊於大千世界，密放神通，隨緣化渡，一如菩薩顯化的獅子王法身，引導有緣眾生遠離罪惡，忘卻生死煩惱，皈向真實光明。大慈大悲的觀世音菩薩以清淨無垢聖潔蓮華的法身，順時順教，使眾生了悟佛因，大慈大悲的觀世音菩薩，對於流布毒害眾生的貪、瞋、痴三魔，更以嚴峻大力的法身予以降伏，使修持眾生得能清淨，菩薩更以清淨蓮華，顯現慈悲，揚灑甘露，救渡眾生脫離苦難。只是娑婆世界眾生，常習於十惡之苦，不知自覺，不肯脫離，使行諸利樂的菩薩，常要忍受怨嫉煩惱。然而菩薩慈悲，為救眾生痴迷，復顯化明王法身，以無上智慧破解煩惱業障，遠離一切恐怖危難。大慈大悲觀世音菩薩顯化之諸般法相，常在眾生之中，隨緣隨現，使眾生憶佛念佛，迷途知悟。

為使眾生早日皈依歡喜圓滿，無為虛空的涅槃世界，菩薩復行大慈大悲的誓願，手持寶幢，大放光明，渡化眾生通達一切法門，使眾生隨行相應，自由自在得到無上成就。菩薩的無量佛法，廣被大眾，恰似法螺傳聲，使諸天善神顯現歡喜影相，亦使眾生於聽聞佛法之後，能罪障滅除，各得成就。不管是豬面、獅面，不管是善面、惡面，凡能受此指引，都能得諸成就，即使住世之黑色塵魔，菩薩亦以顯化之大勇法相，持杖指引，渡其皈依三寶。

南無大慈大悲聖觀世音菩薩，願誠心誦持此真言者，皆得涅槃。

大悲咒為任何學佛者所必修，猶金錢為世人所必具，此咒能圓滿眾生一切願望，並治八萬四千種病。觀世音菩薩白佛言：「如眾生誦持大悲咒，不生諸佛國者，不得無量三昧辯才者，於現在生中一切所求若不遂者，誓不成正覺，惟除不善及不至誠」。